Thomas Bongartz/Lilo Verboom (Hrsg.)
Fundgrube Sachrechnen

LEHRER-BÜCHEREI
GRUNDSCHULE

Herausgeber

Reinhold Christiani, Diplom-Pädagoge, war Leitender Ministerialrat im Ministerium für Schule, Jugend und Kinder des Landes Nordrhein-Westfalen. Er ist zurzeit Lehrbeauftragter an der Universität Bielefeld.

Dr. Klaus Metzger ist Regierungsschulrat, Seminarbeauftragter und zuständig für die zweite Phase der Lehrerausbildung für Grund- und Hauptschulen im Regierungsbezirk Schwaben/Bayern.

Die Autorinnen dieses Bandes **Waltraud Klodt van Alst, Sabine Krosse, Christine Schwetzel** und **Lilo Verboom** sind oder waren als Fachleiterinnen für Mathematik an Studienseminaren tätig. Sie unterrichten außerdem Mathematik an Grundschulen.
Der Autor **Thomas Bongartz** war ebenfalls Fachleiter und leitet jetzt eine Grundschule.

Thomas Bongartz/Lilo Verboom (Hrsg.)

Fundgrube Sachrechnen

Unterrichtsideen, Beispiele und
methodische Anregungen
für das 1. bis 4. Schuljahr

Die in diesem Werk angegebenen Internetadressen haben wir überprüft (Redaktionsschluss September 2006). Dennoch können wir nicht ausschließen, dass unter einer solchen Adresse inzwischen ein ganz anderer Inhalt angeboten wird. Deshalb empfehlen wir Ihnen dringend, die Adressen vor der Nutzung im Unterricht selbst noch einmal zu überprüfen.

Text S. 131: © 1950 und 1998 Karl Rauch Verlag, Düsseldorf

 http://www.cornelsen.de

Bibliografische Information: Die Deutsche Bibliothek verzeichnet diese Publikation in der Deutschen Nationalbibliografie; detaillierte bibliografische Daten sind im Internet über http://dnb.ddb.de abrufbar.

Dieser Band folgt den Regeln der deutschen Rechtschreibung, die seit August 2006 gelten.

5.	4.	3.	2.	1.	Die letzten Ziffern bezeichnen
11	10	09	08	07	Zahl und Jahr der Auflage.

© 2007 Cornelsen Verlag Scriptor GmbH & Co. KG, Berlin
Das Werk und seine Teile sind urheberrechtlich geschützt. Jede Nutzung in anderen als den gesetzlich zugelassenen Fällen bedarf deshalb der vorherigen schriftlichen Einwilligung des Verlags.
Hinweis zu § 52a UrhG: Weder das Werk noch seine Teile dürfen ohne eine solche Einwilligung eingescannt und in ein Netzwerk eingestellt werden. Dies gilt auch für Intranets von Schulen und sonstigen Bildungseinrichtungen.
Redaktion: Daniela Brunner, Düsseldorf
Herstellung: Brigitte Bredow, Berlin
Satz und Layout: Julia Walch, Bad Soden
Umschlaggestaltung: Claudia Adam, Darmstadt, unter Verwendung einer Zeichnung von Klaus Puth, Mühlheim
Illustrationen: Barbara Gerth-Mohr, Hamburg
Druck und Bindearbeiten: Clausen und Bosse, Leck
Printed in Germany
ISBN 978-3-589-05119-9

 Gedruckt auf säurefreiem Papier,
umweltschonend hergestellt aus chlorfrei gebleichten Faserstoffen.

Inhalt

Vorwort 8

1 Sachrechnen in der Grundschule 10

Die Welt mit mathematischen Augen sehen 10
Sachrechnen von Anfang an – Aufbau
tragfähiger Zahl- und Operationsvorstellungen 14
Schwierigkeiten und Fehlertypen beim Sachrechnen 19
Bearbeitungshilfen zum Lösen von Sachrechenaufgaben 21
Die Anforderungen in den Bildungsstandards 32
Sachrechnen mit Methode – Sachrechenaufgaben lösen 33

2 Sachaufgaben für das erste und zweite Schuljahr 37

Ein Portmonee falten und damit rechnen 37
Dornröschen 41
Wie viele Autos und Motorräder sind es? 43
Murmeln 45
Fahrt mit der Dampflok 47

3 Sachaufgaben für das zweite Schuljahr 49

Schulsachen einkaufen 49
In der Eisdiele 51
Ein Besuch im Kino 53
Eine Rennstrecke bauen 55
Eine Geburtsanzeige 57
Einen Drahtzaun bauen 59
Auto-Skooter 61
Gummibärchen 63

4 Sachaufgaben für das dritte Schuljahr   65

  Wie viele Tage dauert es bis …?   65
  Anschaffungswünsche   68
  Fahrradtour   70
  Eine verrückte Spargeschichte   72
  Treffen   74
  Ein Blumenstrauß für Oma   77
  Der Pony-Express   79
  Pakete packen   81
  Lasse hat Geburtstag   83
  Sternzeichen   85
  Treppen laufen   87
  Was kostet eigentlich …?   89
  Wir planen ein Turnier   91
  Witze weitererzählen   93
  Bundesjugendspiele   95
  Fernsehen: Höchstens eine Stunde am Tag!   99
  Am Fahrkartenautomaten: Welche Tickets nehmen wir?   101
  Memo-Spiel: Kannst du 6 Karten mehr haben als ich?   103
  Gesunde Ernährung mit Calcium für die Knochen   107
  Kohlmeisen   110
  Spiele früher: Der Kartoffelkönig   112

5 Sachaufgaben für das vierte Schuljahr   114

  Das Blut   114
  Übernachtung in der Jugendherberge   116
  Wie alt bist du?   118
  Meine Schulzeit in Zahlen   120
  Bei den Bienen   123
  Wer ist der Klassenbeste?   125
  BEST OF … Meine Lieblingshits auf einer CD-ROM   128
  Dreiundfünfzig Minuten   130
  Getränke-Rezept: Compudrink   132
  Beim Friseur: Ist das ein günstiges Angebot?   135
  Elefanten – „Sympathische Dickhäuter"   138
  Bundesliga   140
  Happy Birthday   142
  Großvaters Frühstück   144

6 Vom Fragenfinden zu Fermi-Aufgaben   146

7 Projekte im Sachrechenunterricht   150

Projekte für Klasse 1/2   150
Projekte für Klasse 3/4   159

8 Sachaufgabenwerkstatt – Teilkompetenzen üben   164

9 Übersichtsichten Sachrechnen   191

10 Checkliste zum Sachrechnen mit Methode   196

11 Bildungsstandards   200

Literatur   205

Vorwort

Das vorliegende Buch beinhaltet zahlreiche Ideen und unterrichtspraktische Hilfen für einen wünschenswerten Sachrechenunterricht. Unser besonderes Anliegen ist es, Sie bei ihrer Unterrichtsvorbereitung und -durchführung möglichst konkret zu unterstützen. Besonders erwähnenswert dabei ist, dass bei allen vorgestellten Sachrechenbeispielen geeignete Bearbeitungshilfen für die Kinder mitgegeben werden.

Nach kurzen theoretischen Grundlagen zum Sachrechnen werden für die Klassen 1 bis 4 Beispiele vorgestellt, die alle unter besonderer Berücksichtigung folgender Aspekte erstellt wurden:
- Die Aufgaben sind in der Regel ohne großen Materialaufwand sofort im Unterricht durchführbar.
- Zu jeder Aufgabe gehört ein Arbeitsblatt, das man auf das DIN-A4-Format vergrößern kann, sodass es direkt einsetzbar ist. Ansprechende Grafiken erleichtern einen kindorientierten Zugang.
- Jedes Unterrichtsbeispiel enthält Hinweise mit kurzen methodischen Anregungen.
- Bei allen Aufgaben werden Bearbeitungshilfen empfohlen, die das Verstehen und Lösen der Aufgaben erleichtern können.
- Zahlreiche Beispiele beinhalten geschlossene und auch weiterführende offene Aufgabenstellungen, sodass der Umfang des einzelnen unterrichtlichen Einsatzes erweitert werden kann.
- In jeder Aufgabenkommentierung findet man einen deutlichen Bezug zu den KMK-Bildungsstandards, sodass erkennbar ist, dass die Aufgaben geeignet sind, zielgerichtet die Kompetenzen der Kinder zu erweitern.

Es war uns wichtig, bei der Formulierung der Sachrechenanlässe Themen aufzugreifen, die – ganz im Sinne eines möglichst realitätsnahen authentischen Sachrechnens – aus der Lebenswelt der Kinder stammen.
    Zusätzlich zu den zahlreichen Unterrichtsbeispielen haben wir einzelne Sachrechenprojekte skizziert, die vielschichtige mathematische Zugänge zu komplexen Themen erlauben.
    In den Aufgabenbeispielen der „Sachaufgabenwerkstatt" geht es in erster Linie darum, dass die Kinder Teilkompetenzen einüben können.
    Eine Übersicht über die Größen kann als hilfreiches Plakat in der Klasse aufgehängt werden, zumal die einzelnen Größenbereiche in diesem Buch nicht noch umfassender behandelt werden konnten.

Die Checkliste wurde entwickelt, um noch einmal in übersichtlicher Form kurz darzustellen, worauf man beim Sachrechnen bei der Vorbereitung und Durchführung denken sollte.

Wir hoffen, Ihnen mit dieser Fundgrube Anregungen für einen lebendigen Sachrechenunterricht geben zu können.

1 Sachrechnen in der Grundschule

Die Welt mit mathematischen Augen sehen

Sachrechnen dient in erster Linie der Erschließung der Lebenswirklichkeit (Alltagsbewältigung und Umwelterschließung). Es gilt, die reale Umgebung mit „mathematischen Augen" zu betrachten, d. h., die quantitativen Aspekte einer Situation zu erfassen und Sachprobleme mit mathematischen Mitteln zu lösen. Mathematisieren bedeutet, Sachkontexten mathematikhaltige Informationen zu entnehmen, in Zahlbeziehungen auszudrücken und mithilfe des mathematischen Modells eine Lösung entwickeln zu können (s. Seite 33–34).

Sachrechnen in Echtsituationen

Wenn Alltagsbewältigung als ein wesentliches Ziel eines schülerorientierten Sachrechenunterrichts angesehen wird, sollten sich die herausfordernden Problemkontexte zuallererst aus authentischen Spiel- und Sachsituationen ergeben, die der kindlichen Lebenswelt entsprechen.

Im Unterricht entwickeln sich derartige „Echtsituationen" (FRANKE 2003, S. 20) häufig aus dem Klassen- oder Schulleben. Es geht hierbei um die Planung konkreter Vorhaben wie „gemeinsames Frühstück", „Pausenspiel", „Klassenausflug", „Flohmarkt" etc. Sinnvolle (mathematische) Fragestellungen nach dem günstigsten Preis, der benötigten Menge, der rechtzeitigen Abfahrtszeit, den Möglichkeiten einer räumlichen oder mengenmäßigen Aufteilung, den Gewinnwahrscheinlichkeiten etc. müssen gefunden und durch entsprechende mathematische Aktivitäten wie Messen, Wiegen, Abzählen, Anfertigen von Strichlisten, Einholen, Sortieren und Vergleichen von Daten (Zahlenmaterial und Größen), Abschätzen und natürlich auch durch Rechenoperationen beantwortet werden. Die mathematischen Lösungen können wesentlich zur Entscheidungsfindung und zur Kontrolle beitragen (SCHÜTTE 2006, S. 4). Sachrechnen in diesem Sinne leistet einen wichtigen Beitrag zur Steigerung von Planungskompetenz.

Bei sachunterrichtlichen Erkundungen und Erforschungen zu Themen wie „Wasserverbrauch", „Pflanzenwachstum" oder „Zuckergehalt" etc. können Mathematisierungen dazu dienen, umweltliche Zusammenhänge besser zu verstehen und Sachwissen zu mehren. Oft müssen auch hierfür quantitative Angaben zunächst einmal ermittelt und problemangemessen ausgewertet werden.

Derartig projektorienierte und/oder fächerübergreifende Aktivitäten zielen ab auf ein konkretes Produkt oder Ereignis oder auf einen bestimmten Erfahrungs- und Wissenszuwachs. Die Mathematik wird hierbei als Werkzeug zur Bewältigung von Sach- und Alltagsproblemen erfahren. Mit mathematischen Verfahren werden fachspezifische Zugänge zur Wirklichkeit unterstützt, solide Größenvorstellungen aufgebaut und Einsicht über die Realität gewonnen, vorausgesetzt, sie stehen wirklich „im Dienste der Sache" (SCHÜTTE 1996, S. 89).

„Echtsituationen" müssen sich allerdings nicht immer aus real erlebbaren Situationen ergeben. In der Umwelt finden sich genügend Anregungen, aus denen sich interessante mathematikhaltige Fragestellungen sowie komplexe und vielfältige Modellierungsprozesse ableiten lassen. Als Beispiel sei auf einen Aufkleber verwiesen, der vor einigen Jahren lange Zeit auf Bussen zu finden war: „Lieber Autofahrer, an meiner Stelle könnten jetzt auch 40 PKW vor Ihnen herfahren!" Die Mathematisierung dieses Sachverhalts trägt wesentlich dazu bei, sich überhaupt erst eine Vorstellung über die angesprochene Situation machen zu können: Wie lang wäre dann die Autoschlange, die vor einem herführe? Wie viele Personen sitzen dann in jedem Auto? Wie viele passen überhaupt in einen Bus? Wie viele Personen fahren allerdings durchschnittlich mit dem Bus? Stimmt die Aussage auf dem Aufkleber überhaupt?

Allerdings sollten in einem realitätsnah ausgerichteten Sachrechenunterricht auch die Beschränkungen (rein) mathematischer Betrachtungsweisen der Lebenswirklichkeit erfahren und reflektiert werden. Entscheidungen werden eben nicht immer nur unter quantitativ wünschenswerten Gesichtspunkten getroffen, und für die Erfassung des Aspektreichtums von Naturphänomenen reichen mathematische Modelle nicht aus.

Realitätsnahe Sachaufgaben

In der Praxis zeigt sich jedoch, dass eine derartig umfangreiche, komplexe Auseinandersetzung mit realen Phänomenen im Rahmen eines „echten" Sachrechnens sehr zeitaufwändig und deshalb nur in beschränktem Maße zu verwirklichen ist. Von daher werden Sachrechenanlässe zumeist in Form von Sachaufgaben präsentiert. Um dem Anspruch von Authentizität gerecht zu werden, sollten Sachaufgaben die Lebenswirklichkeit „ehrlich und in ihrer Komplexität abbilden" (FRANKE 2003, S. 34).

Sachrechnen mit Materialien aus der Alltagswelt: Im Rahmen von Sachaufgaben werden Informationen zur Sachsituation häufig durch „authentische Mathematisierungen aus der Alltagswelt" (SCHÜTTE 2006, S. 5) geliefert.

Mit dem Einsatz von Informationsquellen wie Fahrplänen, Fernsehprogrammen, Preislisten, Kalendern, Speisekarten, Tabellen, Diagrammen, Wegeskizzen, Grundrissen etc. wird versucht, einen Teil der Lebenswirklichkeit „in den Klassenraum zu holen" und diese Darstellungsformen für zwar simulierte, aber dennoch möglichst realitätsnahe Sachrechenanlässe zu nutzen.

Durch die Auseinandersetzung mit sinnvollen mathematischen Fragestellungen und Aufträgen erfahren die Kinder die Bearbeitung dieser Sachaufgaben als Übungssituation für den kompetenten Umgang mit derartigen Materialien in der Alltagswelt. Die sachgerechte Analyse und Nutzung der authentischen Mathematisierungen gehört mit zum Aufbau von Sachrechenkompetenz.

Sachrechnen mit Sachtexten: Sachtexte sind ein Teil der verschrifteten Umwelt und beschreiben einen Ausschnitt aus der Lebenswirklichkeit. Sie enthalten authentische Zahlen und Größen und erschließen den Kindern sogenannte Fernwelten (FRANKE 2003, S. 64). Solche Sachinformationen regen zu Fragen an, die direkt aus dem Text heraus zu klären sind oder erst durch entsprechende Berechnungen beantwortet werden können. Manchmal müssen dazu zunächst noch weitere Informationen eingeholt werden.

Auch Zeitungsberichte zu Sportergebnissen, Zuschauerzahlen, durchschnittlichen Fernsehzeiten, Verkaufszahlen von Büchern (Harry Potter!) etc. können das Interesse für (weiterführende) mathematische Betrachtungsweisen wecken. Insbesondere Meldungen zu Rekorden (Guiness-Buch) regen die „mathematische" Fantasie an.

Ebenso lassen sich auch aus Gebrauchstexten wie Koch- oder Backrezepten oder Bastelanweisungen mathematische Aufgabenstellungen ableiten.

Die gezielte, auf die Lösung von Sachproblemen bezogene Informationsentnahme aus den zumeist sehr komplexen Sachtexten bereitet den Kindern erfahrungsgemäß große Schwierigkeiten und muss besonders geschult werden. Methoden der Texterschließung sind auch im Sachrechenunterricht hilfreich.

Die Welt mit mathematischen Augen sehen 13

Rechengeschichten als sinnstiftende Modellierungsanlässe: Rechengeschichten bilden für Kinder bedeutsame Situationen in sprachlicher Form ab. Sie beziehen sich auf die Erfahrungswelt der Kinder oder auch auf fiktive Welten (z. B. Märchen) und bieten den Kindern einen motivierenden, Identifikation stiftenden Rahmen für die Auseinandersetzung mit mathematikhaltigen Fragestellungen. Sie sind unter didaktischen Gesichtspunkten formuliert und rücken den mathematischen Modellierungsprozess in den Vordergrund. Es geht vorrangig darum, die beschriebene (Real-)Situation in die Sprache der Mathematik zu übersetzen. Die Lösung der angesprochenen Sachprobleme ist für die Kinder nicht von unmittelbarer Bedeutung, was zu Nachlässigkeiten bei der situationsadäquaten Rückübersetzung arithmetischer Ergebnisse auf die erzählte Situation führen kann.

Damit es möglichst nicht zu „sinnleeren" Beschäftigungen mit dieser Art von Sachaufgaben kommt, sollten die angesprochenen Erfahrungsbereiche im Unterrichtsgespräch als Erzählanlässe aufgegriffen und den Kindern verdeutlicht werden. Auch ist es hilfreich, in Rechengeschichten Personen oder Tiere auftreten zu lassen, die den Kindern bekannt sind, um so einen direkteren Bezug zum erzählten Sachverhalt herzustellen. Ebenso besteht auch die Möglichkeit, Rechengeschichten in die Ich-Form umwandeln zu lassen.

Sachrechnen als Problemlösen

Neben den bisher skizzierten realitätsnahen Sachaufgaben gibt es solche, die von den konkreten Lebensweltbezügen weit entfernt sind. Die geschilderten Sachsituationen und die daraus abgeleiteten Fragestellungen sind künstlich und widersprechen häufig den realen Handlungsmustern. Dazu gehören Sachaufgaben wie: „Vater kauft für seine beiden Kinder zwei Fußbälle. Der größere Ball ist 5,25 Euro teurer als der kleinere. Vater bezahlt 50,30 Euro." Im Alltag würde sich ein solches Problem nicht stellen. Vielmehr entspricht es der Erfahrungswirklichkeit, dass Vater sich die beiden Preisetiketten ansieht und mittels der Preisangaben den zu zahlenden Gesamtbetrag und u. U. den Preisunterschied zwischen den beiden Bällen berechnet.

Die mathematische Modellierung der realitätsfremden, geradezu gegenläufigen Handlungsabfolge in der Vergleichsaufgabe erfordert ein Umdenken in Bezug auf gewohnte inhaltliche und mathematische Strukturen und ist von daher nicht unbedingt geeignet, zur Bewältigung der Lebenswirklichkeit beizutragen. Dies ist allerdings auch nicht intendiert. Vielmehr geht es bei diesen didaktisierten Sachaufgaben, deren komplexe mathematische Strukturen nicht einfach zu durchschauen sind, vorrangig um die Förderung der Problemlösefähigkeit und der Denkentwicklung.

Da die Kinder in der Regel nicht über gesicherte Lösungswege für solche Problemaufgaben verfügen und eine direkte Übersetzung der Sachsituation in ein mathematisches Modell häufig nicht auf Anhieb gelingt, ist es notwendig, geeignete Strategien des Problemlösens zu entwickeln. Dies sind vor allem planvolle Probierstrategien.

An dieser Stelle sei auf die Tatsache hingewiesen, dass manche Kinder zu richtigen Lösungen gelangen, aber Probleme haben, ihre Überlegungen korrekt in die Sprache der Mathematik zu übertragen und in Form von Gleichungen zu notieren. FRANKE weist darauf hin, dass es Jahre dauert, „bis die Kinder in dem Gebrauch der Sprache der Mathematik geübt sind. (…) Mit der Forderung, das mathematische Modell aufzuschreiben, werden Entwicklungsunterschiede zwischen den Kindern nicht berücksichtigt" (FRANKE 2003, S. 134, 137). Umso wichtiger ist der regelmäßige Austausch über die unterschiedlichen Lösungswege und auch über die verschiedenen Notationsformen.

Es sind insbesondere Knobel- und Denksportaufgaben, die zur Auseinandersetzung mit mathematikhaltigen Problemen anregen sollen. Den Kindern sollte transparent gemacht werden, dass die vermeintlichen Wirklichkeitsbezüge in diesen Aufgaben nicht unbedingt bedeutsam sind. Die eigentliche Sinnstiftung liegt in der besonderen mathematischen Herausforderung dieser häufig als Rätsel empfundenen Aufgabenstellungen.

Sachrechnen von Anfang an – Aufbau tragfähiger Zahl- und Operationsvorstellungen

Der Schwerpunkt des Sachrechnens liegt im dritten und vor allem im vierten Schuljahr. Die Kinder verfügen in diesen Klassenstufen über (fast) alle benötigten Fertigkeiten und Kenntnisse (insbesondere auch im Bereich Größen), und die erweiterte Lesekompetenz ermöglicht ein breiteres Angebot an komplexen, sprachlich formulierten Sachaufgaben.

Dennoch sollte man sich klarmachen, dass die Grundlagen für die Entwicklung von Sachrechenkompetenz bereits im ersten Schuljahr durch den Aufbau eines tragfähigen und aspektreichen Zahl- und Operationsverständnisses und durch die Erfahrung des Anwendungsbezugs von mathematischen Aktivitäten gelegt werden. Dieser Sachverhalt wird im Folgenden beispielhaft für das erste Schuljahr erläutert.

Situationsorientierte Zählanlässe

Im situationsorientierten Anfangsunterricht dienen sinnvolle Zählanlässe z.B. dem gemeinsamen Kennenlernen. Dazu gehören Datenerhebungen und -darstellungen zu Themenbereichen wie: „Jungen – Mädchen", „Alter der Kinder", „Kinder aus anderen Ländern", „Kinder im Sportverein", „unsere Lieblingslieder, -spiele, -bilderbücher, -tiere". Auch das Ermitteln von Abstimmungs- und Spielergebnissen regt zu sinnstiftendem Zählen an (s. QUAK u. a. 2006, S. 74 f.). So werden zum einen mathematische Aspekte und Methoden von Anfang an als bedeutsam erfahren, zum anderen wird durch den regelmäßigen Vergleich von Anzahlen der kardinale und vor allem auch der relationale Zahlbegriff (Aspekt: um wie viel mehr/weniger) stabilisiert.

Variation der Anwendungssituationen

Addition und Subtraktion werden im ersten Schuljahr im Allgemeinen über Handlungsaufforderungen zum Verändern von Mengen (Situationen des Dazutuns und Wegnehmens oder des Dazukommens und Weggehens) eingeführt. Damit die Operationsvorstellungen nicht nur an den engen Kontext der schulischen Einführungssituation gebunden bleiben, sollten den Kindern möglichst vielfältige Handlungssituationen erzählt, mit ihnen durchgespielt oder auch gemalt werden. Nur so wird das Operationsverständnis auf eine breite Basis gestellt. Die Kinder erfahren, dass hinter den vielen verschiedenartigen Situationen immer dieselbe mathematische Struktur steckt, die lediglich einem Situationsmodell (hier: Veränderung bzw. Austausch) entspricht. In der Unterrichtspraxis wird leider oft viel zu schnell auf die rein arithmetische Ebene übergegangen – unter Vernachlässigung der Anwendungsorientierung.

Handlungssituationen zum Addieren bzw. Subtrahieren sind z.B.: hinzukommen, einsteigen, dazumalen, geschenkt bekommen, dazukaufen, gewinnen, auffädeln, einsortieren, auftürmen, anzünden, gewinnen, finden bzw. aussteigen, davonspringen, untertauchen, verschenken, abgeben, verlieren, aufessen, ausblasen, zerplatzen usw.

Intermodaler Transfer

Die Kinder können sich solche Situationen, in denen etwas mehr oder weniger wird, selbst ausdenken und der Klasse mit konkretem Material vorspielen. Es ist dann die Aufgabe der Zuschauenden, eine passende Rechengeschichte zu erzählen oder die entsprechende Rechenaufgabe zu nennen.

Die Geschichten der Mitschüler können variiert und z.B. mit anderen Anzahlen oder Materialien nachgespielt werden. Gemeinsam kann überlegt werden, wie die Spielszenen festgehalten werden können. Fotoserien sind Gedächtnisstützen und können zur Anfertigung von Situationsbildern (Bildsachaufgaben) genutzt werden, denen dann passende Gleichungen zugeordnet werden können. Durch solche Zuordnungssituationen wird der (intermodale) Transfer zwischen Handlungsebene, Bildebene und Symbolebene eingeübt.

Dem konsequenten Versprachlichen der Sach- und Spielsituationen kommt dabei eine zentrale Bedeutung zu.

Semantische Vielfalt der Operationen

Der Aufbau des Operationsverständnisses bezieht sich jedoch nicht nur auf das Konzept des Vergrößerns oder Verkleinerns von Mengen. Mathematische Gleichungen sind nicht immer nur als Abstraktionen von Handlungsaufforderungen zu verstehen, sondern können z.B. auch Beschreibungen von Sachbeziehungen widerspiegeln (vgl. STERN/STRAUB 2000, S. 93 f.).

Im ersten Schuljahr geht es auch darum, die strukturellen Unterschiede zwischen Sachsituationen, in denen addiert oder subtrahiert wird, zu verdeutlichen und dadurch das Verständnis für unterschiedliche Situationsmodelle zu erweitern. Es müssen dynamische und statische Situationen unterschieden und die verschiedenen Aspekte der Addition und Subtraktion erfasst werden.

In Bezug auf die semantische Struktur von Addition und Subtraktion lassen sich vier Aufgabentypen unterscheiden:
- Austauschaufgaben
- Ausgleichsaufgaben
- Kombinationsaufgaben
- Vergleichsaufgaben

Die mathematische Struktur dieser vier Aufgabentypen ist jeweils dieselbe: $a + b = \_$ für die Addition bzw. $a - b = \_$ für die Subtraktion.

Des Weiteren lassen sich Aufgabenvariationen generieren, indem nach dem Anfangszustand, dem Endzustand oder der Veränderung gefragt wird.

Bei RADATZ u.a. (1996, S.79f.) findet sich eine Übersicht, die das Spektrum an möglichen Sachsituationen für die Addition und Subtraktion verdeutlicht. Im Folgenden werden die Sachaufgaben wiedergegeben, die zu den drei Gleichungen $a + b = \_$, $a + \_ = c$ und $\_ + b = c$ passen:

Aufgabentyp	Beispielaufgabe
Austauschaufgaben: Dazugeben	
Ergebnis unbekannt	Ernie hat 4 Kekse. Bert gibt ihm noch 3 Kekse dazu. Wie viele Kekse hat Ernie jetzt?
Veränderung unbekannt	Ernie hat 4 Kekse. Dann gibt Bert ihm weitere Kekse. Jetzt hat Ernie 7 Kekse. Wie viele hat Bert ihm gegeben?
Ausgangslage unbekannt	Am Anfang hatte Ernie einige Kekse. Dann gab Bert ihm 3 Kekse dazu. Jetzt hat Ernie 7 Kekse. Wie viele hatte er am Anfang?
Kombinationsaufgaben: Vereinigen	
Das Ganze ist unbekannt	Ernie hat 3 Kekse. Bert hat 4 Kekse. Wie viele Kekse haben sie zusammen?
Ein Teil ist unbekannt	Ernie und Bert haben zusammen 7 Kekse. Ernie hat 3 Kekse. Wie viele Kekse hat Bert?
Angleichungs- oder Ausgleichsaufgaben: Ausgleich nach oben	
Ergebnis unbekannt	Ernie hat 3 Kekse. Er bekommt 4 Kekse dazu. Jetzt hat er genauso viele Kekse wie Bert. Wie viele Kekse hat Bert?
Veränderung unbekannt	Ernie hat 3 Kekse. Bert hat 7 Kekse. Wie viele Kekse muss Ernie noch bekommen, damit er genauso viele Kekse wie Bert hat?
Ausgangslage unbekannt	Ernie hat einige Kekse. Bert hat 7 Kekse. Nun bekommt Ernie 4 Kekse dazu. Dann hat er genauso viele Kekse wie Bert. Wie viele Kekse hatte Ernie zu Anfang?
Vergleichsaufgaben: Vergleichen („mehr")	
Ergebnis unbekannt	Ernie hat 3 Kekse. Bert hat 4 Kekse mehr als Ernie. Wie viele Kekse hat Bert?
Veränderung unbekannt	Ernie hat 3 Kekse. Bert hat 7 Kekse. Wie viele Kekse hat Bert mehr als Ernie?
Ausgangslage unbekannt	Ernie hat 7 Kekse. Er hat 3 Kekse mehr als Bert. Wie viele Kekse hat Bert?

Thematisieren von Vergleichsaufgaben: Wie Untersuchungen zeigen, bereiten gerade die beiden letzten Vergleichsaufgaben Erstklässlern ganz besondere Schwierigkeiten. Da nicht nur einfache Handlungen, sondern Beziehungen zwischen Quantitäten beschrieben werden, fällt es schwer, die Sachsituation im Kopf zu repräsentieren. Stern weist darauf hin, dass Textaufgaben zum quantitativen Vergleich in Schulbüchern kaum zu finden sind (vgl. STERN/STRAUB 2000, S. 93 f.). Umso wichtiger ist es, derartige Vergleichssituationen kontinuierlich im Unterricht zu thematisieren und vor allem an konkretem Material zu veranschaulichen. Nur so lässt sich ein relationales Zahlverständnis aufbauen, mit dessen Hilfe Differenzmengen bestimmt werden können.

Zur Problematik von Bildsachaufgaben: Gerade bei Bildsachaufgaben kann es zu unterschiedlichen Interpretationen der abgebildeten Situation kommen, je nachdem welcher Operationsaspekt beim Kind aktualisiert wird. Bei dem berühmten Beispiel von den Vögeln auf der Leitung (8 Vögel saßen (!) auf der Leitung, 3 fliegen (!) gerade weg, 5 Vögel bleiben auf der Leitung sitzen, also: 8 − 3 = 5) kann durchaus auch eine Modellierung als Teil-Teil-Ganzes-Beziehung erfolgen: „5 Vögel sitzen auf der Leitung, 3 Vögel sind in der Luft. Zusammen sind es also 8 Vögel". Ehe voreilig auf eine fehlerhafte Lösung verwiesen wird, sollte das Kind aufgefordert werden, seine − durchaus sachgerechten − Überlegungen zu versprachlichen. Dass Bildsachaufgaben zur Subtraktion nicht statisch als Darstellung von Teilmengen einer Gesamtmenge zu interpretieren sind, sondern dynamisch, also als Handlungsfolge, muss von manchen Kindern zunächst erst einmal gelernt werden, vor allem, wenn die bildlichen Darstellungen im Unterricht nur selten aus konkreten Handlungen heraus entwickelt wurden (s. o.).

Schwierigkeiten bei „Lückenaufgaben": Rechengeschichten, bei denen nach der Ausgangslage oder der Veränderung gefragt wird, sind im Allgemeinen schwieriger zu lösen als solche, in denen das Ergebnis einer Handlung ermittelt werden muss. Das liegt z. T. an dem fehlenden Erfahrungshintergrund für derartige Sachprobleme (s. o.). Verfügen die Kinder jedoch über ein tragfähiges Verständnis des „Teile-Ganzes-Prinzips" bei der Mengenzerlegung, fällt es ihnen leichter, die mathematische Struktur solcher „Lückenaufgaben" zu verstehen.

Für die Modellierung von Sachaufgaben (wie z. B. „Am Anfang hatte Ernie einige Kekse. Dann gab Bert ihm 3 Kekse dazu. Jetzt hat Ernie 7 Kekse.") erweist es sich als hilfreich, wenn die Sachsituation als sogenannte Tuchaufgabe präsentiert wird. Die Ausgangsmenge (4 Kekse) wird verdeckt unter ein Tuch geschoben. Dann werden sichtbar Ernies 3 Kekse dazugelegt und die Information gegeben: Jetzt hat Ernie 7 Kekse. „Tuchaufgaben" haben durch ihren Rätselcharakter im Allgemeinen einen hohen Aufforderungsgehalt für Kinder. Zu einem späteren Zeitpunkt kann das Verständnis für die Aufgaben mit unbekannter Veränderung oder Ausgangslage (__ + 3 = 7) auch durch strukturgleiche Zahlenrätsel vertieft werden: „Ich denke mir eine Zahl. Wenn ich 3 dazuzähle, erhalte ich 7".

Nur wenn es gelingt, in den beiden ersten Schuljahren ein breites Verständnis der vier Operationen aufzubauen, werden die Kinder über die notwendigen Grundlagen für die Lösung komplexerer Sachprobleme in den weiteren Schuljahren verfügen.

Schwierigkeiten und Fehlertypen beim Sachrechnen

Eltern und Lehrerinnen bzw. Lehrer stellen immer wieder fest, dass Kinder Schwierigkeiten beim Lösen von Sachaufgaben haben, die eher im Sprach- und Situationsverständnis als im Bereich des mathematischen Wissens begründet sind. Aus den verschiedensten Gründen gelingt es den Kindern nicht, ein dem geschilderten Sachverhalt entsprechendes Situationsmodell aufzubauen und daraus passende arithmetische Operationen abzuleiten.

Die Schwierigkeiten können sowohl in der Unangemessenheit der Sachaufgaben als auch beim Schüler selbst begründet sein.

Unangemessener Schwierigkeitsgrad von Sachaufgaben

Sachaufgaben weisen bestimmte schwierigkeitsbestimmende Merkmale auf. Eine unangemessene Passung des Schwierigkeitsgrads von Sachaufgaben an die Lernvoraussetzungen der Schülerinnen und Schüler kann zu Fehlern bei der Lösung von Sachaufgaben führen. Nach FRANKE (FRANKE 2003, S. 97) lassen sich drei strukturelle, „schwierigkeitssteigernde Faktoren" unterscheiden:

Semantische Struktur: Kinder können kein Wissen zur Lösung einer Aufgabe abrufen, wenn sie mit dem angesprochenen Sachverhalt zu wenig vertraut sind. Ist der inhaltliche Kontext einer Aufgabe (z. B. bei Aufgaben aus dem Bankwesen) den Kindern nicht bekannt, können sie die erforderlichen Rechenschritte nicht erkennen. Dies gilt ebenso für Aufgaben mit Größenangaben, die sich die Kinder nicht vorstellen können.

Sprachlich-syntaktische Struktur: Fremdwörter und unbekannte Fachausdrücke (wie z.B. pro, je, jeweils, Skonto, Ratenzahlung, Ladegewicht u.a.) verhindern, dass Kinder die Aufgabenstellung erkennen können. Lange und komplexe Texte, unbekannte Redewendungen und Schachtelsätze stellen für viele Kinder große Hürden zum Verständnis des mathematischen Sachverhaltes dar.

Mathematische Struktur: Zur Bearbeitung von Sachaufgaben benötigen Kinder eine Fülle von mathematischen Fähigkeiten, Fertigkeiten und Kenntnissen. Sie müssen über die der Aufgabe entsprechenden Rechenfertigkeiten im angesprochenen Zahlenraum und über das dazugehörige mathematische Wissen (über Größen, geometrische Inhalte ...) verfügen. Die Art und Anzahl nötiger Teilschritte (Rechenoperationen) kann verhindern, dass Kinder die Aufgabe lösen können, auch wenn die einzelnen Teilaufgaben einfach zu bearbeiten wären. Die Komplexität der Rechenoperationen und der Größenbeziehungen sind für Kinder häufig schwer zu durchschauen.

Ursachen beim Schüler

Kinder erkunden ihre Umwelt immer weniger. Sie können beschriebene Sachsituationen oft nicht nachempfinden. Die Freizeit vieler Kinder ist im zunehmenden Maße verplant, sodass sie wenig Freiraum haben, selbst kreativ zu werden und eigene Ideen zu entwickeln.

Schwierigkeiten entstehen, wenn die Lesekompetenz des Kindes nicht genügend entwickelt ist, d.h., wenn das Kind nicht in der Lage ist, sich den Sinn eines Textes selbstständig zu erschließen. Bei manchen Kindern – vor allem auch Kindern mit Migrationshintergrund – ist der Wortschatz eingeschränkt, die Sachsituation wird nicht verstanden. So werden die angegebenen Zahlenwerte in den Sachaufgaben oft nur mit der Rechenoperation verknüpft, die gerade im Unterricht behandelt wurde. Der Sachgehalt wird vom Kind nicht wirklich erschlossen, sondern nur die versteckte Rechenaufgabe entdeckt und möglichst schnell gerechnet. Ein überlegtes Übersetzen der Sachsituation in ein mathematisches Modell findet nicht statt.

Gerade unsichere Kinder klammern sich gern an bekannte Lösungswege, und oftmals gibt es die Vorstellung, dass nur ein Weg der richtige ist. Sie akzeptieren selbst sinnlose Ergebnisse und überprüfen diese nicht auf Plausibilität. Ebenso scheuen sich diese Kinder, Fragen zu stellen.

Sachaufgaben fördern von der Sache her Schlüsselqualifikationen bei den Kindern. Dazu gehören auch sorgfältiges, zuverlässiges und vollständiges Arbeiten, sauberes Dokumentieren und Ausdauer.

Erfolglose Bemühungen des Kindes in der Vergangenheit im Umgang mit Sachaufgaben können dazu führen, dass die nötige Anstrengungsbereitschaft teilweise nicht mehr gegeben ist.

Fehlertypen

Es zeigt sich, dass bestimmte Fehler bei der Bearbeitung von Sachaufgaben gehäuft vorkommen. Sie lassen sich nach FRANKE vier verschiedenen Fehlertypen zuordnen (FRANKE 2003, S. 114 f.):

- Identifikationsfehler (z. B. durch falschen Transfer, Einbeziehung irrelevanter Angaben in die Rechnung, Eignung der Zahlen für ganz bestimmte Operationen)
- Fehler beim Strukturieren des Lösungsplanes (z. B. durch nicht lösungskonforme Reihenfolge von Angaben im Text)
- Fehlerhafte Verkürzung des Lösungsplanes bei Aufgaben mit mehreren Teilschritten (z. B. durch Überlesen von relevanten Informationen)
- Fehler bei der verbalen Antwort (z. B. durch Nichtbeachten der Fragestellung)

Fehleranalysen ermöglichen es, die Denkweisen der Kinder zu erkennen. Sie können dazu anregen, über schwierigkeitsbestimmende Merkmale in Sachaufgaben nachzudenken und die Anforderungen dem aktuellen Leistungsvermögen der Lerngruppe anzupassen.

Fehler gehören zu jedem Lern- und Entwicklungsprozess; sie sollten nicht als Störfaktor, sondern als Chance angesehen werden.

Der regelmäßige Austausch und die gemeinsame Reflexion der (verschiedenen, auch fehlerhaften) Lösungswege können zu einer bewussteren Haltung den eigenen Vorgehensweisen gegenüber und zu einem gründlicheren Nachdenken führen.

Bearbeitungshilfen zum Lösen von Sachrechenaufgaben

Das Sachrechnen ist ein komplexes Lernfeld innerhalb des Mathematikunterrichts, da die Sach- und Fachstrukturen sehr unterschiedlich aufeinander bezogen sind. Das Sachrechnen gilt gleichermaßen bei Kindern und Lehrerinnen bzw. Lehrern als schwierigster Anforderungsbereich im Fach Mathematik, da hier sogar gute Rechner häufiger Probleme haben.

Die traditionelle Didaktik des Sachrechnens strebte an, die Komplexität von Sachrechenaufgaben durch Einteilung von Aufgaben in Typen, durch

Musterlösungen oder durch Vorschriften für das Aufschreiben der Lösung (Frage – Rechnung – Antwort) für die Schülerinnen und Schüler beherrschbar zu gestalten. Die häufig unbefriedigenden Ergebnisse zeigen auf, dass es für das Sachrechnen keine Abfolge von Lehrschritten geben kann, da die Lösung einer Aufgabe sich in der Regel nicht auf rechnerisch-algorithmische Momente reduzieren lässt. Die einzelnen Sachsituationen und Kontexte sind zu unterschiedlich, als dass für die Kinder Übertragungsmöglichkeiten sichtbar würden.

„Sachrechenkompetenz erwirbt man nicht durch Erlernen von Musterlösungen oder Schrittfolgen, sondern insbesondere durch beharrliches Üben im Problemlösen und Reflektieren über Lösungswege" (SCHIPPER u. a. 2000, S. 231). Es kommt also darauf an, den Kindern ihre eigenen Zugänge zu ermöglichen und das Vertrauen in die eigenen sachrechnerischen Fähigkeiten zu stärken.

Dennoch gilt es, die Kinder in ihren Lösungsbemühungen zu unterstützen und sie an lernmethodische Verfahrensweisen des Mathematisierens heranzuführen. So sollte im Laufe der Zeit kontinuierlich ein Repertoire an Lösungsstrategien (heuristische Strategien wie Probieren, Vorwärts- bzw. Rückwärtsarbeiten) und Bearbeitungshilfen aufgebaut werden. SCHIPPER plädiert sogar dafür, zur Steigerung der Sachrechenfähigkeit das Anwenden von Bearbeitungshilfen in einem regelrechten Sachrechenkurs zu üben (SCHIPPER u. a. 2000, S. 231).

Anhand von gezielt ausgewählten Aufgabenbeispielen mit Hinweisen auf geeignete Bearbeitungshilfen können Schülerinnen und Schüler fortschreitend einen Vorrat an Strategien erwerben, der es ihnen dann auch ermöglicht, komplexere Sachsituationen und Rechenprobleme anzugehen. Dazu gehören:
- Bearbeitungshilfen zur Textanalyse
- Konkrete Bearbeitungshilfen
- Grafische Bearbeitungshilfen
- Überprüfung der Ergebnisse auf ihre Problemangemessenheit (Plausibilitätsprüfung)

Bearbeitungshilfen zur Textanalyse

Der Aufbau von Lesekompetenz ist eine Daueraufgabe, die in allen Fächern geleistet werden muss. Kinder können nur dann Sachrechenaufgaben erfolgreich lösen, wenn sie in der Lage sind, den Text zu verstehen und aufgrund ihrer Erfahrungen eine hinreichende Vorstellung des Problems zu entwickeln.

Lesen – Texterschließung

Das Kind kann sich gedanklich nur schwer auf die geschilderte Sachsituation einlassen, wenn es ohne inhaltliche Einstimmung mit dem Lesen des Textes beginnen soll. Wichtig ist, das Vorwissen durch geeignete Impulse bereits vor dem Lesen zu aktivieren. Durch unterstützende Abbildungen, durch eine fokussierende Überschrift oder durch eine vorangestellte Fragestellung werden bei den Kindern Interesse, eigene Erfahrungen sowie Erlebnisse zu dem Sachverhalt wachgerufen und der Aufbau eines adäquaten inhaltlichen Kontextes (Situationsmodell) erleichtert. Sollte das Vorwissen gering sein, dann werden gemeinsam im Unterrichtsgespräch Erfahrungen, Wissen und notwendiger Wortschatz aufgebaut. Der sorgfältigen Begriffsklärung kommt eine große Bedeutung zu; diese vernetzt Sprache und mathematische Vorstellung.

Stilles oder auch halblautes, individuelles Lesen – möglichst mit Fragestellung – ermöglicht dem Kind, sich in seinem Lesetempo mit dem Sachverhalt vertraut zu machen. Dadurch ist die Konzentration auf den Inhalt eher gegeben und das Kind liest den Text auf eine Frage, auf ein Ziel hin. So ist wiederholtes Lesen, Zurück- und Vorspringen möglich.

Nacherzählen

Nach dem Durchlesen der Sachaufgabe sollen die Kinder angeregt werden, den Text mit eigenen Worten wiederzugeben. So ist die Chance größer, dass die Informationen mit eigenem Wissen verknüpft und nicht nur Einzelinformationen aufgenommen werden.

Unterstreichen, Durchstreichen, Markieren

Zur Texterschließung sollen die Kinder Wichtiges und Unwichtiges voneinander unterscheiden und Wesentliches hervorheben. Hier bieten sich Lesemethoden an wie
- Textstellen markieren, Unterstreichungen von Textstellen,
- Unwichtiges durchstreichen,
- Herausschreiben wichtiger Informationen (mathematikhaltiger Aussagen) als Randnotizen oder in Form eines Stichwortzettels.

Besonders bei umfangreicheren Texten können sich Kinder über die Lesestrategie „Was weiß ich schon?", „Was möchte ich wissen?" bewusst werden und so die Fragestellung(en) einbeziehen. Häufig fällt es den Kindern leichter, wichtige Zahlen zu markieren oder als „Stichwort" herauszuschreiben als die für die Aufgabenlösung relevanten Wörter und Satzteile aufzuspüren.

Beispiel:
Aus einem Sachtext relevante Informationen entnehmen und in Stichworten aufschreiben.

Philipp wünscht sich ein Fahrrad. Dazu hat er schon 100 € in seiner Spardose angespart. Opa und Oma schenken ihm 40 €, die Philipp in seine Spardose steckt. Seine Mutter verspricht, ihm 50 € zu schenken, wenn er in den nächsten vier Monaten selbst noch 40 € von seinem Taschengeld dazuspart. Dann hat er Geburtstag und hofft, dass er die fehlenden 70 € als Geschenk von seinen Tanten und Onkeln bekommt.

Wie teuer ist das Fahrrad?

gespart: _____ €
von Oma und Opa: _____ €
Geschenk von der Mutter: _____ €
Taschengeld: _____ €
Geburtstagsgeschenk der Tanten und Onkel: _____ €

Kosten des Fahrrades: _____ €

Umformulieren

Es gibt zwei Möglichkeiten:
- Die Kinder verkürzen den Text, insbesondere bei ausführlichen, narrativen Rechengeschichten. Nur noch die relevanten Angaben werden benötigt, unwichtige Wörter und Zahlen werden gestrichen.
- Die Kinder erweitern den Text und schmücken ihn aus. Allerdings muss den Kindern klar sein, dass die ursprüngliche Aufgabenstellung nicht verändert werden darf.

Fragen zum Text

Hier helfen W-Fragen (Wer?, Warum?, Wozu?, Wie?, Wo? Wann?, Weiter: Was weiß ich schon?, Was möchte ich wissen?)

Fragen zum Text können vor dem Lesen angeboten werden. So kann das Kind mit Sinnbezug und gezielt auf die Fragestellung hin lesen.

Die Kinder können aber auch aufgefordert werden, selbst Fragen zu finden. Dies können sein:
- Fragen, zu denen man rechnen kann.
- Fragen, deren Beantwortung direkt aus dem Text zu entnehmen ist.
- Fragen, die man mithilfe des Textes nicht beantworten kann.

Bearbeitungshilfen

Beispiel:
Ole unternimmt mit seinem Bruder Tom eine Radtour. Sie wollen Theresa besuchen. Die beiden starten um 10.00 Uhr. Nach einer Stunde Fahrtzeit machen sie eine Pause von 15 Minuten. Um 12.00 Uhr sind sie am Ziel.

Mögliche Fragen:
1. Wie lang dauerte die reine Fahrtzeit?
2. Wie lange sind Ole und Tom unterwegs?
3. Wann erreichen sie ihr Ziel?
4. Wen wollen die beiden Brüder Ole und Tom besuchen?
5. Wie heißt Theresas Bruder?
6. Hat Tom ein Mountainbike? usw.

Ziel dieser Methode ist es, dass die Kinder ihre Kompetenz hinsichtlich des Text- und Situationsverständnisses steigern. Dazu gehört auch, dass die Kinder Fragen nicht unüberlegt beantworten, sondern zunächst überlegen, ob es überhaupt eine Antwort geben kann (z. B. „Quatschfragen"). Somit werden sie darin geschult, über Fragen nachzudenken und sinnvolle Fragen auszuwählen.

Sachrechenaufgaben verändern und erfinden

Die Schülerinnen und Schüler setzen sich mit dem „Bauprinzip" einer Sachrechenaufgabe auseinander und formulieren andere Aufgaben zu demselben Sachverhalt. Hierbei können Namen, Orte, Objekte, aber auch quantitative Angaben ausgetauscht werden. Das Variieren von Aufgaben und das Erfinden ähnlicher Sachsituationen (Rechengeschichten) erleichtert das Verstehen des Sachrechenproblems.

Eigene Rechengeschichten zu schreiben, stellt eine anspruchsvolle offene Aufgabenstellung dar. Die sprachliche Ausdrucksfähigkeit, die Kreativität und die Schreiblust der Kinder sind hier angesprochen. Kinder können so ihre eigenen Erfahrungen, ihr Wissen und ihre Kenntnisse einfließen lassen. Reizwörtersammlungen, Bilder und weitere Vorgaben können Hilfen sein, sodass die Kinder in der Lage sind, themengebundene Rechengeschichten zu schreiben.

Konkrete Bearbeitungshilfen

Diese Bearbeitungshilfen werden vor allem im Anfangsunterricht eingesetzt, können sich zur Veranschaulichung eines Problems aber auch noch in höheren Klassenstufen als sinnvoll erweisen.

Nachspielen – Rollenspiel

Kinder können im Rollenspiel Sachsituationen nachspielen und sich so handelnd mit der Aufgabenstellung auseinandersetzen. Hierfür bieten sich besonders verschiedene Einkaufssituationen an.

Darstellen mit Material

Bei Sachrechenaufgaben mit überschaubaren Anzahlen, bei Aufgaben zum Thema Geld und bei kombinatorischen Aufgabenstellungen bietet sich als Bearbeitungs- und Lösungshilfe das konkrete Nachstellen der Situation mit passenden Materialien wie z.B. Spielgeld, Plättchen o.Ä. an. Nicht allen Kindern allerdings gelingt der Transfer vom dargestellten Problem zum bereitgestellten Material, da sie die Struktur der Aufgabe nicht erfasst haben oder weil das bereitgestellte Material für das Kind keine Veranschaulichung darstellt. Wird z. B. von Kindern der Bezug zwischen den handelnden Personen einer Sachaufgabe und den zur Verfügung gestellten Plättchen nicht hergestellt, sollte als Zwischenstufe auf Spielfiguren oder ausgeschnittene bildliche Darstellungen von Personen zurückgegriffen werden.

Grafische Bearbeitungshilfen

Situationsskizzen dienen
- der Darstellung eines Situationsmodells,
- liefern einen Lösungsplan,
- liefern die Lösung.

Sie eignen sich besonders bei geometrischen Sachverhalten, bei „Geschwindigkeitsaufgaben" und bei Angaben von Brüchen.
   Kinder müssen an das Anfertigen von Skizzen herangeführt werden. Die Aufforderung, ein Bild zu der Geschichte zu malen, reicht in den meisten Fällen nicht aus. Die Kinder gestalten zwar ihre assoziierten Vorstellungen zu der Sachsituation liebevoll und ausführlich aus, sind aber häufig nicht in der Lage, wesentliche Elemente der Sachstruktur wiederzugeben. Gemeinsam mit den Kindern müssen Vereinfachungen bzw. Symbole vereinbart werden, die man als Repräsentanten für zeichnerische Darstellungen verwenden kann (z.B. Strichmännchen für Personen, Rechtecke für Tische, Kreise für Kuchen, Anfangsbuchstaben für Ortsangaben etc.).
   Zur gezielten Übung können begonnene Skizzen vorgegeben werden, die vervollständigt werden müssen. Auch können Kindern unterschiedliche Lösungsskizzen zu einer Aufgabe präsentiert werden, die dann von ihnen in Hinblick auf die Übereinstimmung mit der Sachsituation beurteilt werden.

Beispiel:
Zwei Züge fahren einander entgegen. Der Zug von A-Stadt fährt 90 km, der Zug von B-Stadt fährt 60 km in einer Stunde. Sie treffen sich nach zwei Stunden.
Wie groß ist die Entfernung zwischen den beiden Städten?

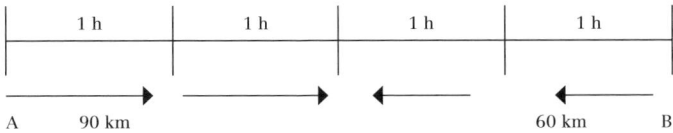

Beispiel:
Lisa bastelt ein Geobrett. Dazu muss sie 4 Nägel mit jeweils 4,5 cm Abstand in ein Holzbrett hämmern.
Wie groß ist die Entfernung vom ersten bis zum letzten Nagel?

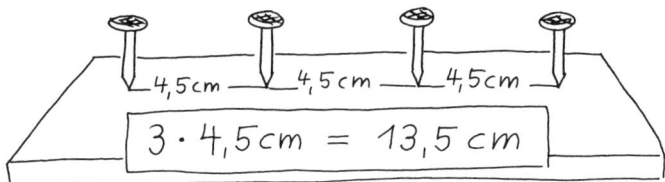

Beispiel:
Ein Tisch ist 1,30 m lang und 0,60 m breit. Darauf liegt eine Tischdecke, die an allen Seiten 20 cm überhängt.
Wie lang und wie breit ist die Tischdecke?

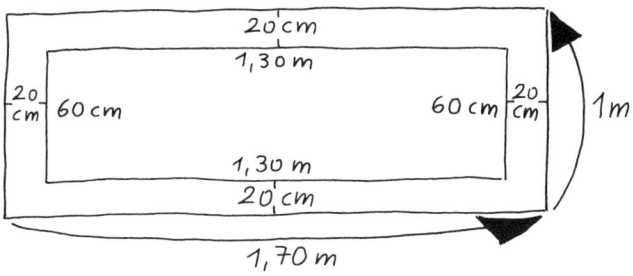

Beispiel:
Dannis Opa hat einen Bauernhof und züchtet Hühner und Schafe. Insgesamt gibt es 18 Tiere. Danni zählt insgesamt 50 Beine. Wie viele Hühner und wie viele Schafe sind es?
Überlegung: Hühner haben 2 Beine, Schafe haben 4 Beine.
Insgesamt sind es 18 Tiere.

○ ○ ○ ○ ○   ○ ○ ○ ○ ○
○ ○ ○ ○ ○   ○ ○ ○

Alle Tiere haben mindestens 2 Beine. Zusammen sind es 36 Beine.

Die restlichen 14 Beine (50 – 36 = 14) werden verteilt.

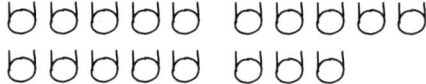

Auf dem Bauernhof leben 11 Hühner und 7 Schafe.

Pfeilbilder leisten vor allem die Darstellung von Strecken- und Zeitabschnitten.

Beispiel: Pfeilbild
Frau Verbooms Zug fährt um 13.18 Uhr ab. Der Bus zum Bahnhof braucht höchstens eine halbe Stunde, zum Bahnsteig sind es dann noch 4 Minuten zu Fuß.
Sollte Frau Verboom den Bus um 12.23 Uhr oder den Bus um 12.43 Uhr nehmen? Begründe deine Entscheidung.

Beispiel: Streckenbild
Herr Bongartz fährt über Köln (87 km) nach Frankfurt. Insgesamt hat er 227 km zurückgelegt.

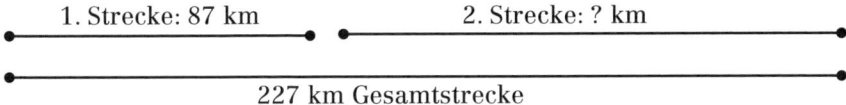

Beispiel:
Ole unternimmt mit seinem Bruder Tom eine Radtour. Sie wollen Claas besuchen.
Die beiden starten um 10.00 Uhr.
Nach einer Stunde Fahrtzeit machen sie eine Pause von 15 Minuten.
Um 12.05 Uhr sind sie am Ziel.

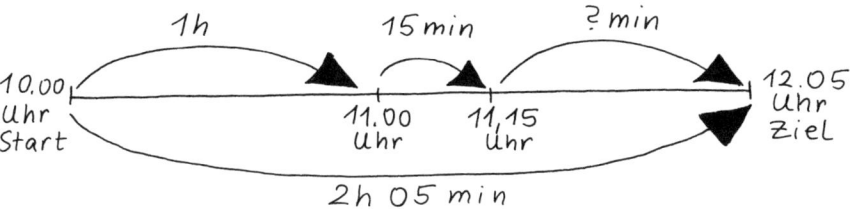

Schaubilder (Säulen-, Streifendiagramme) als Bearbeitungshilfe dienen vorrangig der Darstellung von Zahlbeziehungen. Anstelle einzelner Säulen oder Streifen können gegebene Anzahlen oder Zahlbeziehungen auch in einer Einheit dargestellt werden, wobei diese entsprechend unterteilt wird.

Beispiel:
In der Klasse 4b sind 27 Kinder. Es sind genau doppelt so viele Mädchen wie Jungen.

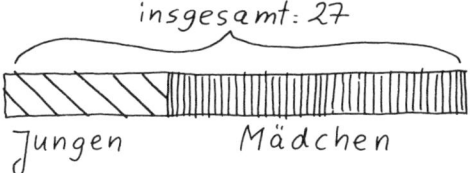

Tabellen dienen der übersichtlichen Darstellung von Daten. Sie ermöglichen die Lösungsfindung und -darstellung durch:
• Eintrag systematischer Probierversuche
• die Möglichkeit, unbekannte Rechenarten zu bewältigen (z. B. additive Operationen in Form einer „Schließtabelle" bei Unkenntnis der halbschriftlichen Multiplikation)
• Darstellung proportionaler Zuordnungen

Vom ersten Schuljahr an werden die Kinder an die Verwendung von Tabellen durch Vormachen/Vorgabe der Lehrerin herangeführt. Eine gute Übung ist die Vervollständigung begonnener Tabellen.

Beispiel:
Dustin kauft sich einen Hamburger und einen Becher Cola. Er bezahlt 4,80 €. Der Hamburger kostet das Doppelte der Cola. Was kostet der Hamburger und was der Becher Cola?

Möglichkeit	Hamburger	Cola	zusammen	
1	4,00 €	2,00 €	6,00 €	zu viel
2	3,50 €	1,75 €	5,25 €	zu viel
3	3,00 €	1,50 €	4,50 €	zu wenig
4	3,20 €	1,60 €	4,80 €	Lösung

Beispiel:
Daria ist 8 Jahre alt, ihre Mutter 32 Jahre. Wie alt wird Daria sein, wenn sie halb so alt ist wie ihre Mutter?

Mutter	Daria
32	8
33	9
34	10
...	...
...	...
...	...
48	24

Beispiel:
Die Klasse 4b mit 27 Kindern will das Spaghetti-Rezept ausprobieren.

Spaghetti mit Tomatensauce

Zutaten für 5 Personen:
500 g Spaghetti
2 TL Salz
1 EL Olivenöl (für die Nudeln)
5 l Wasser
3 EL Olivenöl (für die Soße)
1 Zwiebel
3 Dosen Tomaten
je eine Prise Pfeffer, Salz und Zucker

Wie viele Pakete (je 500 g) Spaghetti müssen die Kinder einkaufen?

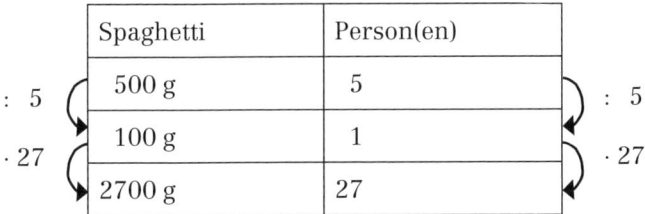

Grafische Bearbeitungshilfen können das Erkennen der mathematischen Struktur einer Aufgabe und damit das Erstellen eines mathematischen Modells zur Lösungsfindung erleichtern. RASCH (2003) zeigt in ihrer Sammlung von Schülerdokumenten auf, wie kreativ Kinder bei der Entwicklung solcher Veranschaulichungen sein können und in welchem Maße sie ihre Darstellungen im Lauf der Zeit sachangemessen ausdifferenzieren können. Kinder verfügen allerdings in der Regel nicht von alleine über derartige Hilfen. Sie müssen kontinuierlich und langfristig gemeinsam mit den Kindern entwickelt und stabilisiert werden. Hierbei ist zu beachten: Die Interpretation grafischer Bearbeitungshilfen muss – wie bei allen Darstellungen mathematischer Sachverhalte – erlernt werden.

Die Vorschläge der Kinder sollten aufgegriffen, verglichen und reflektiert werden. Keinesfalls sollten bestimmte Darstellungen zur Norm erhoben werden. Kinder nehmen Bearbeitungshilfen nur an, wenn sie von ihnen wirklich als Hilfe empfunden werden!

Plausibilitätsprüfung

Jede Lösung von Sachaufgaben muss einer genauen Prüfung unterzogen werden. Dies sollten die Kinder wissen, denn nur so sind sie in der Lage, Fehler in der Modellbildung und beim Berechnen (vor allem bei Rechnungen mit Kommazahlen!) aufzudecken. Die Lösung muss auf die Frage- bzw. Problemstellung der Aufgabe bezogen und reflektiert werden. Sie sollte immer dahingehend hinterfragt werden, ob die ermittelte Anzahl oder Größe realistisch ist (s. Beispiele in Kap. 8, S. 188–190). Als Grundlage ist eine gesicherte Zahl- und Größenvorstellung notwendig.

Die Anforderungen in den Bildungsstandards

Um die Leistungen der Kinder einordnen aber auch vergleichen und überprüfen zu können, hat die Kultusministerkonferenz beschlossen, einheitliche Bildungsstandards einzuführen.

Bemerkenswert ist, dass die Bildungsstandards keine konkreten Lerninhalte mit bestimmten durchzuführenden Unterrichtsmethoden vorschreiben. Sie legen vielmehr fest, welche Kompetenzen Kinder bis zum Ende der Grundschulzeit erwerben sollen. Es sind grundlegende Bereiche aufgeführt, die bestimmte zu erreichende Kompetenzen beschreiben. Das Bewältigen von Anforderungen ist dabei mindestens genauso bedeutungsvoll wie das reine Ansammeln von Wissen.

Die unten stehende Abbildung stellt die fünf allgemeinen mathematischen Kompetenzen der Bildungsstandards dar. Sie umschließen den Bereich der inhaltsbezogenen mathematischen Kompetenzen, da sie sich auf alle mathematischen Inhalte beziehen.

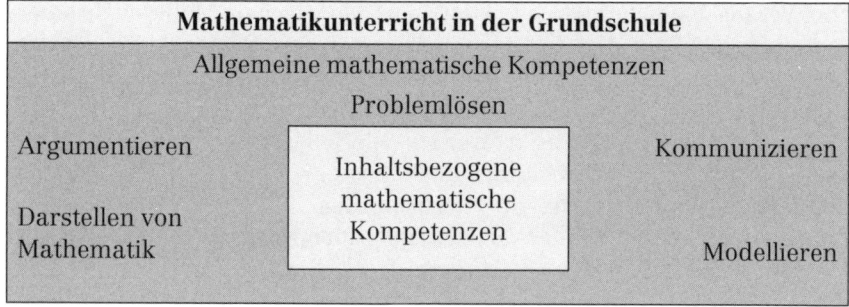

Allgemeine mathematische Kompetenzen (Kultusministerkonferenz 2005, S. 7)

Sachrechnen mit Methode 33

Der Bereich des Sachrechnens berührt alle fünf allgemeinen mathematischen Kompetenzen und sehr viele der inhaltsbezogenen mathematischen Kompetenzen.

Bei den Aufgaben in diesem Buch war es ein Anliegen, den direkten Bezug zu den Anforderungen in den Bildungsstandards zu verdeutlichen. Deshalb sind in jeder Hinführung zu den Aufgaben die allgemeinen und inhaltsbezogenen Kompetenzen notiert. Die Bildungsstandards sind am Ende des Buches noch einmal ausführlich tabellarisch dargestellt.

Sachrechnen mit Methode – Sachrechenaufgaben lösen

Unter Sachrechenkompetenz verstehen wir die Kompetenz des Kindes, Sachaufgaben unter Nutzung hilfreicher Methoden bzw. entsprechender Bearbeitungshilfen zielgerichtet zu bearbeiten und erfolgreich zu lösen.

Die Vorgehensweise beim Lösen einer Sachaufgabe, auch Modellbildungsprozess genannt, gliedert sich in fünf Stufen, denen man jeweils entsprechende Bearbeitungshilfen zuordnen kann. Da das zur Bearbeitung notwendige Modell nicht durch die Aufgabe vermittelt wird, ist Modellbildung ein Konstruktionsprozess, der immer an das Vorwissen des Lernenden geknüpft ist. Das bedeutet, dass das Kind eine Situation bereits durch „die Brille dieses Vorwissens" beobachtet und die Modellbildung folglich dadurch beeinflusst wird. WINTER beschreibt dies auch als „Wechselspiel aus Wahrnehmen und Hineindeuten" (WINTER 1992a, S. 32).

Auf der **Stufe 1** nimmt der Schüler die Situation wahr – geprägt durch sein Vorwissen – und befragt sie. Hier handelt es sich um eine gezielte Informationsentnahme aus der Sachaufgabe.

Die **Stufe 2** ist die Stufe der Modellbildung, also das Durchdringen der Problemstruktur der Sachaufgabe und ihr grafisches Darstellen, falls es durch die Komplexität der Aufgabe impliziert wird.

Die **Stufen 3 und 4** beziehen sich auf die Problemlösung im Modell und die Rückführung dieser Lösung auf die Sachsituation.

Stufe 5 ist die Reflexion des Lösungswegs, die dazu führt, dass die Kinder ihr Vorgehen bei der Lösung präsentieren, durchdenken und somit bei der nächsten Modellbildung optimieren können.

Um eine Einflussnahme auf die Sachrechenkompetenz zu bewirken, kann das methodische Vorwissen des Kindes dahingehend erweitert werden, dass es durch ein grundlegendes Methodenrepertoire, im Sinne von Bearbeitungshilfen, ergänzt wird. So wird dem Schüler geeignetes Handwerkszeug zur Bearbeitung und Lösung einer Sachaufgabe an die Hand gegeben. Außerdem wird der Schülerin bzw. dem Schüler dadurch eine Transparenz des Sachrechenunterrichts vermittelt.

Stufen	Bearbeitungshilfen
1. Situation wahrnehmen und befragen (= Informationsentnahme, „Übersetzung", Gewinnen relevanter Daten)	• sinnentnehmendes Lesen • Nacherzählen/Nachspielen • Fragen stellen/verstehen/kategorisieren • Wichtige Informationen markieren • unrealistische Aufgaben/Fragen erkennen (und ggf. richtigstellen) • Statistiken interpretieren • Daten durch Umfragen etc. gewinnen
2. Modellbildung (= Durchdringung der Problemstruktur, Ordnen bzw. grafisches Darstellen der Daten)	• Sachaufgabe (um-)strukturieren • weitere notwendige Informationen einholen • Skizze anfertigen • Tabelle/Diagramm/… darstellen • Darstellungsform wechseln • Zusammenhänge beschreiben
3. Problemlösung im Modell (= mathematische Lösung, Verarbeiten der Daten)	• Lösung ausrechnen/zeichnen/bestimmen • Lösung/Lösungsweg detailliert darstellen • verschiedene Darstellungsweisen benutzen/vergleichen/… • Ergebnis abschätzen • Ergebnisse verständlich formulieren
4. Rückführung auf die Situation (= „Rückübersetzung", Interpretation der Daten, Plausibilitätsprüfung, Transferleistung)	• Lösung auf die Situation zurückführen durch Nachspielen/Beschreiben/Zeichnen/… • Lösung hinterfragen • Sachaufgaben vergleichen • Ähnliches finden, darauf beziehen
5. Reflexion des Lösungswegs (= Visualisieren, Verbalisieren, Vergleichen)	• Lösungswege vergleichen/hinterfragen/… • Strategiekonferenz durchführen • Lerntagebuch schreiben

Sachrechnen mit Methode 35

Um diesen Modellbildungsprozess, also die Vorgehensweise beim Lösen einer Sachaufgabe, für die Kinder zu visualisieren, ist folgende Tabelle nützlich, die parallel zum Unterricht in Form eines Plakates nach und nach aufgebaut werden kann (s. S.196/197).

Übersicht: So löse ich eine Sachaufgabe
Es ist zu beachten, dass die Kinder Bearbeitungshilfen an Inhalten, im Einsatz an gezielt ausgewählten Sachaufgaben lernen.

🔍	👓	Situation wahrnehmen, Text lesen, Fragen klären, nacherzählen, nachspielen
	?	Frage(n) lesen/finden/ordnen
	👓✏️	Text lesen, markieren
✏️	～	Skizze anfertigen
	▦	Tabelle zeichnen
	📊	Diagramm zeichnen
🙂	○△□ 1+4	ausrechnen
	💡	knobeln, ausprobieren
	😊😊	diskutieren, sich helfen
!	💬	Lösung formulieren
	👁	Lösung prüfen
	😊😊😊😊	Lösung besprechen

Um den Einsatz der entsprechenden Bearbeitungshilfen zu evaluieren bzw. zu reflektieren, können einige vom Inhaltlichen und Fachlichen losgelöste Anregungen in Form von Fragestellungen hilfreich sein:
- Sind die Bearbeitungshilfen geeignet, um die Lernbereitschaft zu wecken, zu fördern und zu erhalten?
- Fördern die Bearbeitungshilfen Eigeninitiative und selbst organisierte Lernprozesse?
- Ermöglichen die Bearbeitungshilfen eine Selbstreflexion?
- Ermöglichen die Bearbeitungshilfen eigene Kompetenzerlebnisse?
- Tragen die Bearbeitungshilfen dazu bei, Sachrechenkompetenzen zu entwickeln?

2 Sachaufgaben für das erste und zweite Schuljahr

Ein Portmonee falten und damit rechnen

Ziele:	A	I
Eigene Vorgehensweisen durchführen, beschreiben und geeignete Darstellungsweisen wählen; verschiedene Geldwerte kennen, legen, zusammenstellen	2.1 5.1 5.3	1.3.a 1.2.d
Bearbeitungshilfen: Faltanleitung, Tabelle, Expertenkarte		
Material: Faltpapier, Rechengeld, evtl. Faltbuch		

Anregungen:
- Sie stellen im Vorfeld ein großes Faltportmonee als Demonstrationsobjekt her.
- Eventuell bieten Sie ein „Faltbuch" an, in dem jeder Faltschritt auf einem gesonderten Blatt fixiert ist, damit die Kinder den Faltvorgang nachvollziehen können.
- Die notwendigen Begriffe zum Faltvorgang (Ecke, Seite, …) werden geklärt.
- Sie bilden im Vorfeld Faltexperten aus, die dann innerhalb des Unterrichts als Helfer zur Verfügung stehen.
- Die Kinder lesen die Faltanleitung, nutzen das „Faltbuch" und falten die Portmonees.
- Die Kinder erfinden Verkaufssituationen und stellen sie im Rollenspiel dar (Trödelmarkt/Auf dem Markt).
- Die Tabelle wird als Hilfe angeboten.
- Jedes Kind notiert einen Geldbetrag auf sein Portmonee. Passend zu dem Betrag wird das Portmonee mit Rechengeld gefüllt. Die Lösungen werden in Tabellen eingetragen und verglichen.
- Die Kinder erfinden eigene Aufgaben und notieren sie auf Expertenkärtchen, die dann zur Freiarbeit zur Verfügung stehen.

Ein Portmonee falten und damit rechnen (1)

Probiere aus:
- In deinem Portmonee sind 5 €. Welche Münzen könnten das sein?
  So könntest du vorgehen:

5 €
1 € 1 € 1 € 1 € 1 €
1 € 1 € 1 € 50 ct 50 ct 50 ct 50 ct

- Nimm immer 3 Geldstücke aus dem Portmonee. Welcher Geldbetrag kann es sein?
- Versuche 3 € mit möglichst wenigen und möglichst vielen Geldstücken zu legen.
- Im Portmonee sind 8 Scheine.
- Erfinde selbst Aufgaben und schreibe sie auf ein Expertenkärtchen.

Fülle dein Portmonee mit 10 €.
Benutze nur Münzen.
Experte _____

Ein Portmonee falten und damit rechnen (2)

So faltest du ein schönes Portmonee aus Papier.

Nimm ein DIN-A4-Blatt und falte es an der eingezeichneten Linie. Mache die Faltung wieder rückgängig. Eine Mittellinie ist entstanden, die später benutzt wird.

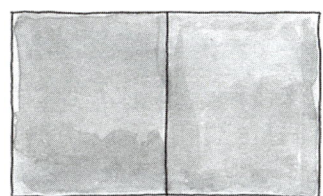

Schneide unten einen Streifen Papier ab, sodass ein Rechteck entsteht, das etwa doppelt so lang wie breit ist.

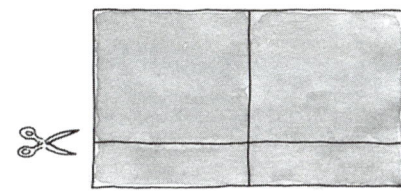

Falte es an den eingezeichneten Linien so, dass sich jeweils zwei Ecken treffen und neue Ecken gebildet werden.

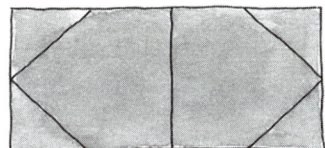

Jetzt sieht es so aus:

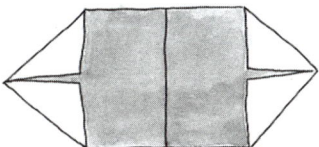

Klappe die Ecken links und rechts zur Mitte hin. Falte es dazu an den eingezeichneten Linien.

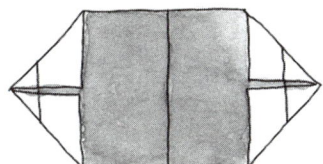

Ein Portmonee falten und damit rechnen (3)

Es muss dann so aussehen:

Falte es an den Linien, sodass sich die äußeren Linien in der Mitte treffen.

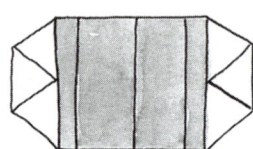

Es muss dann so aussehen:

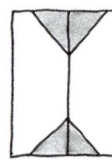

Falte die oberen und unteren Streifen nach hinten, sodass die Dreiecke oben und unten gerade verschwinden.

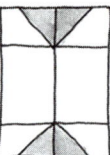

Es muss dann so aussehen:

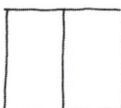

Falte an der Mittellinie nach hinten.

Das Portmonee ist bald fertig. Man kann schon die beiden Fächer sehen.

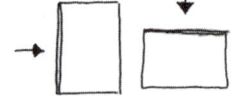

Hole aus einem Fach ein Dreieck heraus. Es ist der Verschluss des Portmonees.

Dornröschen

Ziele: Lösungsstrategien entwickeln und probieren; Sachaufgabe bearbeiten und lösen; Mathematik in ungewohnten Zusammenhängen entdecken	A 1.2	I 4.1.a

Bearbeitungshilfen: Markieren, Tabelle

Material: Märchen von Dornröschen; vorgegebene Aufgabe

Anregungen:
- Sie lesen das Märchen von Dornröschen vor oder erzählen es frei.
- In einem kurzen Gespräch besprechen Sie mit den Kindern den Inhalt des Märchens.
- Die Sachaufgabe wird gemeinsam gelesen.
- Die Kinder markieren wichtige Daten und Zahlen.
- In Partnerarbeit kommen die Kinder über Lösungsmöglichkeiten ins Gespräch.
- Sie bieten eine Tabelle als Bearbeitungshilfe an.
- Gemeinsam wird über die gefundenen Lösungen reflektiert.
- Zusätzlich können neue Aufgaben (alle 5 Jahre, alle 20 Jahre ...) mit veränderten Bedingungen gefunden und anschließend im Austausch bearbeitet werden.

Dornröschen

Dornröschen schläft 100 Jahre.
Alle 10 Jahre kommt ein Prinz, um es zu wecken.
Der letzte Prinz schafft es, Dornröschen zu wecken.

Finde heraus:
- Der wievielte Prinz hat es geschafft?
- Wie viele Prinzen sind vergeblich gekommen?

Beginne so und setze die Tabelle fort:

10 Jahre	1. Prinz
20 Jahre	2. Prinz

Sachaufgaben für das 1. und 2. Schuljahr 43

Wie viele Autos und Motorräder sind es?

Ziele:	A	I
Lösungsstrategien entwickeln und probieren; Sachaufgaben bearbeiten und durch Probieren bzw. systematisches Vorgehen lösen	1.2	1.3.a 1.3.e

Bearbeitungshilfen: Skizze

Material: vorgegebene Aufgabe; evtl. zusätzliches Bildmaterial

Anregungen:
- Ein Gespräch über Autos und Motorräder kann als Impuls genutzt werden. Alternativ oder unterstützend kann auch das Bild auf der Kopiervorlage als Einstieg in die Thematik dienen.
- Gemeinsam wird mit den Kindern die Aufgabenstellung gelesen.
- In Partnerarbeit versuchen die Kinder, die Sachaufgabe zu lösen.
- Zwischen- oder Teilreflexionen können angeboten werden, in denen die Kinder Tipps zur Lösung der Aufgabe erhalten.

Mögliche Tipps:
- Bilder des Arbeitsblattes (Autos und Motorräder) ausschneiden und mögliche Lösungen durch Legen finden
- Skizzen anfertigen, mit dem Hinweis, einfache Zeichnungen möglichst ohne Details anzufertigen

- Gemeinsam wird über die Vorgehensweise und die Lösungen reflektiert.
- Zusätzlich können die Kinder ähnliche Aufgaben finden.

Wie viele Autos und Motorräder sind es?

Ole besucht Onkel Erwin in seiner Werkstatt.
Dort stehen Autos und Motorräder.
Ole zählt 20 Räder.

Finde heraus:
Wie viele Autos und Motorräder sind in der Werkstatt?

Murmeln

Ziele:	A	I
Lösungsstrategien entwickeln und probieren; Sachaufgabe bearbeiten und durch Probieren bzw. systematisches Vorgehen lösen	1.2	1.3.a 1.3.e

Bearbeitungshilfen: Tabelle, Skizze

Material: Murmeln, vorgegebene Aufgabe

Anregungen:
- Ein kurzes Gespräch über Spielerfahrungen mit Murmeln kann als Impuls genutzt werden.
- Die Sachaufgabe wird gemeinsam mit den Kindern gelesen.
- In Partnerarbeit versuchen die Kinder, die Sachaufgabe zu lösen.
- Sie können Zwischen- oder Teilreflexionen anbieten, in denen Tipps zur Bearbeitung der Sachaufgabe thematisiert werden.
- Sie bieten eine Tabelle oder Skizze als Bearbeitungshilfe an.

Mögliche Tipps:
- Murmeln verteilen
- Tabelle anlegen

Theresa	Claas	gesamt
4	0	4
8	4	12
12	8	20
...	...	...

- Gemeinsam wird über die gefundenen Lösungen reflektiert.
- Zusätzlich können neue Aufgaben mit veränderten Bedingungen gefunden und anschließend im Austausch bearbeitet werden.

Murmeln

Theresa und Claas spielen mit Murmeln.
Theresa hat 4 Murmeln mehr als Claas.
Zusammen haben sie 20 Murmeln.

Finde heraus:
- Wie viele Murmeln hat Theresa?
- Wie viele Murmeln hat Claas?

Sachaufgaben für das 1. und 2. Schuljahr

Fahrt mit der Dampflok

Ziele: Lösungsstrategien entwickeln und probieren; Sachaufgabe bearbeiten und lösen; Standardeinheiten aus dem Bereich Geldwerte kennenlernen	A 1.2	I 4.1a

Bearbeitungshilfen: Rechengeld; Tabelle; Markieren

Material: Rechengeld; vorgegebene Aufgabe

Anregungen:
- Ein Gespräch über Fahrpreise kann als Impuls genutzt werden.
- Die Sachaufgabe wird gemeinsam mit den Kindern gelesen.
- In einem kurzen Gespräch erörtern Sie mit den Kindern den Inhalt der Aufgabe.
- Die Kinder markieren wichtige Daten und Zahlen.
- In Partnerarbeit kommen die Kinder über Lösungsmöglichkeiten ins Gespräch.
- Sie bieten eine Tabelle als Bearbeitungshilfe an.

Oma	Opa	Emma	
1 €	1 €	8 €	zu viel
2 €	2 €	6 €	zu viel
3 €	3 €	4 €	zu viel
4 €	4 €	2 €	richtig

- Gemeinsam wird über die gefundenen Lösungen reflektiert.
- Zusätzlich können die Kinder neue Aufgaben mit veränderten Bedingungen finden und anschließend im Austausch bearbeiten.

Fahrt mit der Dampflok

Oma, Opa und Emma fahren mit der Dampflok.
Kinder zahlen halb so viel wie Erwachsene.
Insgesamt zahlen Oma, Opa und Emma 10 Euro.

Finde heraus:
- Wie viel kostet die Fahrt für einen Erwachsenen?
- Wie viel kostet die Fahrt für ein Kind?

Oma	Opa	Emma	
1€	1€	1€ 1€ 1€ 1€ 1€ 1€ 1€ 1€	
1€ 1€	1€ 1€	1€ 1€ 1€ 1€ 1€ 1€	
1€ 1€ 1€			

3 Sachaufgaben für das zweite Schuljahr

Schulsachen einkaufen

Ziele:	A	I
Aus Darstellungen der Lebenswirklichkeit die relevanten Informationen entnehmen	2.1　4.1	3.2.a　4.1.a　4.2.d　5.1.b

Bearbeitungshilfen: Liste; Tabelle

Material: Bild mit Schulartikeln und Preisangaben (OHP)

Anregungen:
- Die Kinder können Einkaufssituationen in Rollenspielen nachspielen.
- Das Bild wird auf dem OHP präsentiert und besprochen.
- Die Kinder finden Einkaufsmöglichkeiten und die Artikel werden in Listen an der Tafel notiert.

Bearbeitungshilfen:

Spitzer: 3 €
Radiergummi: 1 €
zusammen: 4 €

oder:

Spitzer	3 €
Radiergummi	1 €
zusammen	4 €

- Die Kinder können Rechengeld als Hilfe verwenden.
- Die Kinder schreiben und lösen Aufgaben zum Bild.
- Die Kinder rechnen die vorgegebenen Aufgaben aus.

Schulsachen einkaufen

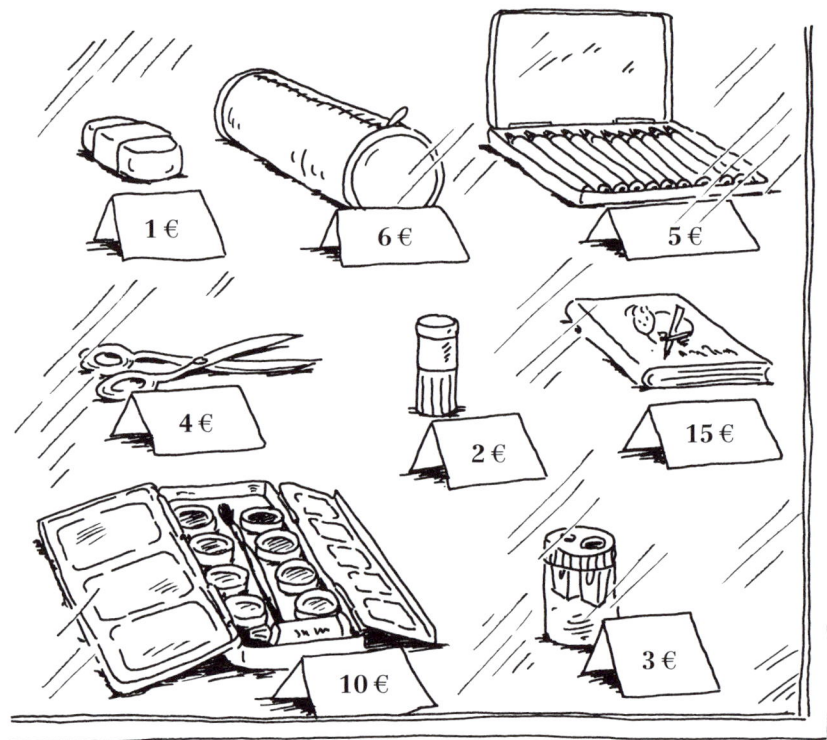

1) Wie viel bezahlen die Kinder?
   a) Jens kauft ein:
   1 Farbkasten, 1 Buch, 1 Schere
   b) Fabian kauft:
   1 Spitzer, 1 Kleber, 1 Radiergummi

2) Theresa hat 16 Euro ausgegeben.
   Was könnte sie gekauft haben?

3) Du hast 20 Euro.
   Was kannst du kaufen?

4) Was möchtest du kaufen?
   Was kostet es?

Sachaufgaben für das 2. Schuljahr   51

In der Eisdiele

Ziele:	A	I
Darstellungen der Lebenswirklichkeit die relevanten Informationen entnehmen; Rechnen mit Geldbeträgen; funktionale Beziehungen erkennen, sprachlich beschreiben (Menge – Preis) und entsprechende Aufgaben lösen	2.1 4.1	3.2.a 4.1.a 4.2.d 5.1.b

Bearbeitungshilfen: Skizze

Material: Bild vom Eisgeschäft (OHP), Aufgaben zum Eisgeschäft

Anregungen:
- Sie präsentieren die Abbildung vom Eisgeschäft und besprechen die Sachsituation gemeinsam mit den Kindern.
- Sie lösen eine mögliche Aufgabe gemeinsam mit den Kindern und zeichnen dazu eine passende Skizze an die Tafel (auch als Rollenspiel mit Rechengeld möglich).
- Die Kinder schreiben Rechengeschichten zu der Sachsituation und fertigen Skizzen an.

Bearbeitungshilfe:

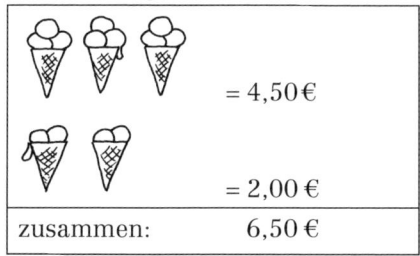

oder:

3 · 🍦 + 2 · 🍦 = 6,50 €

oder:
3 Eis mit 3 Kugeln = 4,50 €
2 Eis mit 2 Kugeln = 2,00 €
zusammen: 6,50 €

- Die Kinder zeichnen zu den vorgegebenen oder selbst erfundenen Aufgaben Skizzen und finden so die Lösungen.

In der Eisdiele

1) Lena kauft ein Eis mit 3 Kugeln und Sahne.

2) Tom kauft für sich und seinen Freund Eike jeweils ein Eis mit 2 Kugeln und Sahne.

3) Fabian kauft für seine Freunde Eis:
   4 Eis mit jeweils 2 Kugeln und Sahne,
   3 Eis mit 4 Kugeln und
   2 Eis mit 1 Kugel.

4) Wie viel hat Lisa bezahlt?

5) In der Klassenkasse sind 20 Euro.
   Die Klassenlehrerin möchte für die Kinder Eis kaufen.

1 Kugel	2 Kugeln	3 Kugeln	Sahne	Euro

Sachaufgaben für das 2. Schuljahr 53

Ein Besuch im Kino

Ziele:	A	I
Darstellungen der Lebenswirklichkeit die relevanten Informationen entnehmen; Rechnen mit Geldbeträgen; funktionale Beziehungen erkennen, sprachlich beschreiben (Menge – Preis) und entsprechende Aufgaben lösen	2.1 4.2 5.1	3.2.a 4.1.a 4.2.d 5.1.b

Bearbeitungshilfen: Skizze; Markieren

Material: Aufgaben zum Kinobesuch

Anregungen:
- Sie sprechen mit den Kindern über ihre Erfahrungen bei Kinobesuchen.
- Die Preisschilder werden dabei wie auf dem Arbeitsblatt an der Tafel notiert.
- Eine Kinosituation kann gemeinsam durchgesprochen werden. Die Einzelpreise werden separat notiert und zusammengerechnet.
- Die Kinder können sich, ausgehend von den Preisschildern an der Tafel, eigene Aufgaben überlegen, die sie in ihren Heften ausrechnen. Sie fertigen Skizzen an, um die Gesamtpreise besser bestimmen zu können.
- Die Kinder bearbeiten die vorgegebenen Aufgaben. Sie markieren in den Preisschildern die für ihre Aufgaben relevanten Daten (in verschiedenen Farben) oder fertigen Skizzen an.

Bearbeitungshilfe zu Aufgabe 1):

Vater Eintritt:	7,00 €
Tim Eintritt:	4,50 €
Popcorn:	2,00 €
zusammen:	13,50 €

Ein Besuch im Kino

Eintritt:
Kinder: 4,50 Euro
Erwachsene: 7,00 Euro

Getränke:
Popcorn: 2,00 Euro
Coca-Cola: 1,50 Euro
Limonade: 2,00 Euro
Brezel: 0,80 Euro
Wasser: 1,20 Euro

1) Tim geht mit seinem Vater ins Kino.
   Der Vater kauft für Tim in der Pause Popcorn.
   Was kostet der Kinobesuch insgesamt?

2) Julian geht mit Niko ins Kino.
   Julian kauft sich eine Limonade und Niko eine Coca-Cola.
   Was kostet der Kinobesuch insgesamt?

3) Anna geht mit Lena ins Kino.
   Sie kaufen sich beide Popcorn und jeder eine Brezel.
   Was kostet der Kinobesuch insgesamt?

4) Barbara geht mit Kevin und Dominik ins Kino.
   Barbara trinkt eine Limonade, Kevin trinkt ein Wasser.
   Jeder kauft sich eine Brezel.

5) Jasmin und Tom gehen ins Kino.
   Für ihren Kinobesuch haben sie zusammen 20 Euro.

Eine Rennstrecke bauen

Ziele:	A	I
Lösungsstrategien entwickeln, ausprobieren und im wei-	1.2	1.3.a
teren Vorgehen nutzen;	2.3	1.3.d
Konstruieren nach Vorgabe; Ergebnisse vergleichen und		
Beziehungen zwischen unterschiedlichen Vorgehenswei-		
sen herstellen		

Bearbeitungshilfen: Skizze; Tabelle

Material: Sachtext; gerade und gebogene Schienen

Anregungen:
- Sie bauen mit „kundigen" Kindern eine Rennstrecke mit Schienen auf.
- Dieser Impuls wird als Gesprächsanlass genutzt
- Sie knüpfen an die Bauerfahrungen der Kinder an und sammeln mit ihnen Bautipps.
- Die Kinder lesen die Sachaufgaben und sammeln Ideen zum Bau einer Rennstrecke.
- Skizzen werden als geeignete Bearbeitungshilfen vorgestellt (eventuell durch Kinder, die das Problem so angehen).
- Die Anzahl der Schienen wird geschätzt und durch Bauen überprüft.
- Es kann sich das Zeichnen der Rennstrecke anschließen.
- Die Kinder planen selbst Rennstrecken, indem sie neue Skizzen anfertigen und eigene Aufgaben dazu formulieren.

Eine Rennstrecke bauen

Die geraden Schienen sind 10 cm lang.

Sarah und Ben bauen beide geschlossene Rennstrecken.

Sarah benötigt 20 Schienen, Ben braucht 18 Schienen.

Tipp: Für einen Halbkreis benötigst du 4 gebogene Schienen.

1) Wie viele gerade Schienen hat Sarah insgesamt gebraucht, wie viele gerade Schienen hat Ben benötigt?

2) Wie viele gerade Schienen hat Sarah hintereinander gelegt, wie viele Ben?

3) Wie lang ist eine gerade Strecke zwischen den Kurven bei Sarah (Ben)?

Eine Geburtsanzeige

Ziele: Mathematische Zusammenhänge erkennen und auf die eigenen Daten beziehen; dem Sachtext relevante Daten und Informationen entnehmen; Vergleiche bezüglich Zeit, Größe und Gewicht herstellen	A 1.3 4.1	I 4.1.b 3.2.b

Bearbeitungshilfen: Liste; Tabelle

Material: Sachtext; andere Geburtsanzeigen

Anregungen:
- Sie präsentieren die Geburtsanzeige. Die Kinder äußern sich dazu und knüpfen dabei an Erfahrungen an.
- Als Hausaufgabe können die Kinder erforschen, wie ihre Daten oder die Daten der Geschwister nach der Geburt waren.
- Zur vorgegebenen Geburtsanzeige können Fragen entwickelt werden: „Was kannst du ausrechnen?"
- Die Kinder äußern sich je nach Kenntnisstand zu den Fragen 1) und 2) auf dem Arbeitsblatt. Die Kinder lösen die Aufgabe 3).
- Sie führen mit den Kindern ein Gespräch über Zahlen, die zu unserem Leben gehören („Körperzahlen" wie Größe und Gewicht, Telefonnummer, Hausnummer, Postleitzahl, Lieblingszahl, Anzahl der Geschwister …) und sammeln mit ihnen dazu Beispiele an der Tafel.
- Sie regen die Kinder dazu an, diese Zahlen in einem besonderen Buch zu notieren („Zahlen, die zu meinem Leben gehören"). Dabei können sie zeichnen, schreiben, erklären usw.
- Diese Möglichkeit könnte der Beginn eines (Präsentations-)Portfolios sein, in dem die Kinder zum Beispiel ihre besten Dokumente über Aktivitäten im Mathematikunterricht sammeln.

Eine Geburtsanzeige

Hurra Zwillinge!

Doppelte Freude am 02.08.2006

Emma	**Lara**
13.30 Uhr	13.40 Uhr
2850 g	2670 g
49 cm	47 cm

Rolf und Susanne Sommer
mit Nadja und Linda
Steinstr. 27 – 25439 Osternburg

1) Was weißt du über Zwillinge?
2) Erkläre alle Zahlen in der Anzeige.
3) Vergleiche die Daten von Emma und Lara.
   Welches Kind ist älter, welches ist größer? ...
4) Forsche nach, welche Zahlen zu dir gehören.

Sachaufgaben für das 2. Schuljahr 59

Einen Drahtzaun bauen

Ziele:	A	I
Geeignete Lösungsstrategien entwickeln und gemeinsam darüber reflektieren; geeignete Verfahren kennen und zur Lösung eines Problems anwenden	1.2 2.1 2.3 4.1	1.3.a 1.3.d

Bearbeitungshilfen: Markieren; Skizze

Material: Sachtext

Anregungen:
- Sie stellen die Aufgabe in einem gemeinsamen Gespräch vor und knüpfen an mögliche Vorerfahrungen der Kinder an.
- Geeignete Bearbeitungsmöglichkeiten werden an der Tafel gesammelt, um diese Aufgabe zu lösen.
- Die Kinder lesen den Text und markieren die Aussagen, die zum Lösen der Aufgabe beitragen.
- Die Kinder fertigen eine Situationsskizze an.
- Die Kinder bearbeiten bzw. lösen die Aufgabe und vergleichen die Ergebnisse miteinander.
- Sie regen die Kinder dazu an, im Baumarkt oder im Internet zu erforschen, wie teuer 1 m Drahtzaun ist.
- Die Kinder berechnen die Kosten.

Einen Drahtzaun bauen

Auf dem Schulgelände soll ein Stück von der Wiese mit einem Zaun abgetrennt werden.

1) Der Abstand zwischen den Pfosten beträgt immer zwei Meter.
   Wie viele Meter Draht müssen gekauft werden?

2) Wie viele Meter Draht sind es bei 20 Pfosten und bei 15 Pfosten?

Tipp:
Zeichne eine Skizze.

Sachaufgaben für das 2. Schuljahr 61

Auto-Skooter

Ziele:	A	I
Sachaufgabe lösen und dabei die Beziehungen zwischen der Sache und den einzelnen Lösungsschritten erkennen; funktionale Beziehungen in Sachsituationen erkennen, sprachlich beschreiben; Standardeinheiten aus den Bereichen Geldwerte, Zeitspannen kennen	1.1 2.1 4.1 4.2	1.3.a 3.2.a 4.1.a

Bearbeitungshilfen: Skizze

Material: vorgegebene Aufgabe; evtl. Rechengeld

Anregungen:
- Ein kurzes Gespräch über das Thema „Kirmes" sowie ein Austausch der Erfahrungen der Kinder kann als Impuls genutzt werden.
- Alternativ oder unterstützend können Sie ein Bild einer Kirmessituation zeigen.
- Der Sachtext wird gemeinsam mit den Kindern gelesen. Sie markieren die wichtigsten Informationen selbstständig.
- Unterschiedliche Lösungsideen werden im Plenum gesammelt.
- Die Kinder führen verschiedene Rechenwege in Einzel- oder Partnerarbeit durch.
- Gemeinsam wird über die gefundenen Lösungen reflektiert.
- Die Kinder können weitere Aufgaben erfinden, aufschreiben, bearbeiten und austauschen.
- Eine erweiterte Fragestellung „Wie viele Personen fahren durchschnittlich in einer Stunde mit den Auto-Skootern?" kann als Differenzierung angeboten werden.

Auto-Skooter

An einem Tag fahren durchschnittlich 280 Besucher mit dem Auto-Skooter. Insgesamt gibt es 24 Wagen, davon 4 Einsitzer und 20 Zweisitzer. Eine Fahrt dauert 3 Minuten. Die Ein- und Ausstiegspause dauert 2 Minuten.

Preise:
1 Fahrt – 2 Euro
3 Fahrten – 5 Euro
5 Fahrten – 8 Euro

Die Auto-Skooter fahren 6 km pro Stunde.

1) Wie viele Personen können gleichzeitig mit den Auto-Skootern fahren?

2) Wie viele Fahrten gibt es in einer Stunde?

3) Was kostet es, wenn alle Kinder eurer Klasse eine Fahrt mit den Auto-Skootern machen?

4) Was könnt ihr noch berechnen? Was interessiert euch sonst noch? Sammelt verschiedene Möglichkeiten.

Sachaufgaben für das 2. Schuljahr 63

Gummibärchen

Ziele:	A	I
Sachaufgabe lösen und dabei die Beziehung zwischen der Sache und den einzelnen Lösungsschritten erkennen; funktionale Beziehungen in Sachsituationen erkennen und sprachlich beschreiben; Standardeinheiten aus dem Bereich Gewicht kennen	1.1 1.3 2.1 4.3	1.3.a 3.2.a 4.1.a

Bearbeitungshilfen: Skizze

Material: vorgegebene Aufgabe; Gummibärchen; Waage; Buntstifte

Anregungen:
- Tüten mit Gummibärchen können als Einstieg in die Thematik genutzt werden.
- Durch das Beschreiben und Ordnen der unterschiedlichen Inhalte nach Farbe und Gewicht können die Kinder einen ersten Überblick gewinnen.
- Der Sachtext wird gemeinsam gelesen und die Kinder markieren die wichtigsten Informationen.
- Unterschiedliche Lösungsideen werden im Plenum gesammelt.
- Die Kinder führen in Einzel- oder Partnerarbeit verschiedene Rechenwege durch.
- Gemeinsam wird über die gefundenen Lösungen reflektiert.
- Die Kinder können weitere passende Aufgaben erfinden, aufschreiben, bearbeiten und austauschen.
- Die Kinder können die Angaben verändern:
  - Beutel Gummibärchen mit 75 g/150 g/300 g
  - weitere Farben für die Gummibärchen

Gummibärchen

In einem Beutel Gummibärchen findet man rote, gelbe, weiße, orange und grüne Bärchen. Insgesamt sind es fünf verschiedene Farben, die etwa gleichmäßig verteilt sind.
Ein Gummibärchen wiegt ungefähr 2 g.

Das könnt ihr selbst ausrechnen:

1) Wie viele Gummibärchen sind in einem Beutel mit 100 g?

2) Wie viele rote Gummibärchen sind in einem Beutel?

3) Welches Gewicht hat ein Beutel mit 75 Gummibärchen?

4) Ole, Claas und Theresa haben einen mit 150 g gefüllten Beutel Gummibärchen.
Ole mag nur rote Gummibärchen, Theresa gelbe und weiße, Claas rote und grüne. Ole, Theresa und Claas teilen die Gummibärchen gerecht untereinander auf.

5) Erfinde weitere Aufgaben.

4 Sachaufgaben für das dritte Schuljahr

Wie viele Tage dauert es bis ...?

Ziele:	A	I
Aus Tabellen, Schaubildern und Diagrammen Informationen entnehmen; Kalender kennenlernen und zur Aufgabenproduktion nutzen	2.1 2.3 5.1	4.1.a 5.1.b

Bearbeitungshilfen: Rechenstrich

Material: Jahreskalender mit eingetragenen Feiertagen; Ferientermine

Anregungen:
- Sie erläutern an der Tafel den Rechenstrich als Bearbeitungshilfe, um Zeitspannen festzuhalten.
- Die Kinder erhalten einen Jahreskalender und tragen gemeinsam die entsprechenden Ferientermine und andere persönliche Termine ein.
- In Gruppenarbeit finden die Kinder Fragen zu Zeitspannen.
- Die Kinder sammeln Fragen und geben sie anderen Gruppen zum Ausrechnen.
- Die von den Kindern erstellten Aufgaben sammeln Sie in einer Kartei für die spätere Bearbeitung.
- Die Kinder bearbeiten die vorgegebenen Aufgaben in der KV unter Zuhilfenahme des Rechenstriches.

Wie viele Tage dauert es bis ...? (1)

Heute ist der 28. August.

1) a) Wie viele Tage dauert es bis zum 1. Advent?
   b) Wie viele Tage dauert es bis zum Nikolaustag am 6. Dezember?
   c) Wie viele Tage dauert es bis zum ersten Weihnachtstag (25.12.)?
   d) In wie vielen Tagen hast du Geburtstag?
   e) Wie viele Tage vergehen bis zum 1. November?

   Bearbeitungshilfe:

   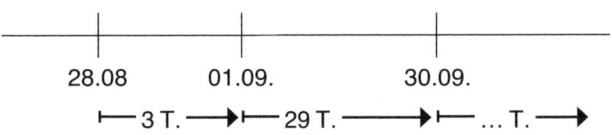

2) Nimm einen Jahreskalender und trage die Ferientage ein.
   a) Wie viele Tage dauern die nächsten Sommerferien?
   b) Wie viele Tage hast du in diesem Jahr insgesamt Ferien?
   c) In wie vielen Tagen beginnen die Weihnachtsferien?
   d) In wie vielen Tagen beginnen die Sommerferien?

Wie viele Tage dauert es bis ...? (2)

Jahreskalender

Januar						
1	2	3	4	5	6	7
8	9	10	11	12	13	14
15	16	17	18	19	20	21
22	23	24	25	26	27	28
29	30	31				

Februar						
1	2	3	4	5	6	7
8	9	10	11	12	13	14
15	16	17	18	19	20	21
22	23	24	25	26	27	28
29						

März						
1	2	3	4	5	6	7
8	9	10	11	12	13	14
15	16	17	18	19	20	21
22	23	24	25	26	27	28
29	30	31				

April						
1	2	3	4	5	6	7
8	9	10	11	12	13	14
15	16	17	18	19	20	21
22	23	24	25	26	27	28
29	30					

Mai						
1	2	3	4	5	6	7
8	9	10	11	12	13	14
15	16	17	18	19	20	21
22	23	24	25	26	27	28
29	30	31				

Juni						
1	2	3	4	5	6	7
8	9	10	11	12	13	14
15	16	17	18	19	20	21
22	23	24	25	26	27	28
29	30					

Juli						
1	2	3	4	5	6	7
8	9	10	11	12	13	14
15	16	17	18	19	20	21
22	23	24	25	26	27	28
29	30	31				

August						
1	2	3	4	5	6	7
8	9	10	11	12	13	14
15	16	17	18	19	20	21
22	23	24	25	26	27	28
29	30	31				

September						
1	2	3	4	5	6	7
8	9	10	11	12	13	14
15	16	17	18	19	20	21
22	23	24	25	26	27	28
29	30					

Oktober						
1	2	3	4	5	6	7
8	9	10	11	12	13	14
15	16	17	18	19	20	21
22	23	24	25	26	27	28
29	30	31				

November						
1	2	3	4	5	6	7
8	9	10	11	12	13	14
15	16	17	18	19	20	21
22	23	24	25	26	27	28
29	30					

Dezember						
1	2	3	4	5	6	7
8	9	10	11	12	13	14
15	16	17	18	19	20	21
22	23	24	25	26	27	28
29	30	31				

Heute ist der _____

Osterferien: vom _____ bis zum _____

Sommerferien: vom _____ bis zum _____

Weihnachtsferien: vom _____ bis zum _____

Herbstferien: vom _____ bis zum _____

Anschaffungswünsche

Ziele:	A	I
Grundvorstellungen zu Geldwerten entwickeln, über sachrechnerische Grundfertigkeiten verfügen; funktionale Beziehungen in Sachsituationen erkennen, sprachlich beschreiben (Menge – Preis) und entsprechende Aufgaben lösen	2.1 3.2 4.1	1.2.f 1.3.c 3.2.a 4.2.d 5.1.b

Bearbeitungshilfen: Tabelle

Material: Anschaffungsgegenstände mit Preisangaben aus Katalogen; vorgegebene Aufgaben

Anregungen:
Reale Situation:
- Die Kinder führen eine Befragung bzgl. der Anschaffungswünsche durch.
- Die gewünschten Artikel werden in der jeweiligen Anzahl gemeinsam an der Tafel festgehalten.
- Danach suchen die Kinder die Artikel in Gruppenarbeit mit Preisangaben aus Prospekten heraus und halten ihre Ergebnisse in Tabellen fest.
- Die Kinder rechnen die einzelnen Ausgaben entsprechend ihrer Anzahl aus und notieren sie in der Tabelle an der Tafel.
(Entsprechend des zur Verfügung stehenden Betrages wird in Relation zu den Wünschen eine Auswahl von Anschaffungen getroffen.)

Fiktive Situation:
- Die Kinder erstellen in Einzelarbeit Tabellen mit Artikeln, die sie für eine Klasse mit 26 Kindern anschaffen würden, unabhängig vom Betrag, der zur Verfügung steht.
- Die Kinder überlegen sich in Einzelarbeit eine Auswahl aus den zur Verfügung stehenden Artikeln, die auf dem Arbeitsblatt aufgeführt sind.
- Bei den Anschaffungen sollte jedes Kind überlegen, ob die ausgesuchten Pausenspiele auch ausreichend Spielmöglichkeiten für 26 Kinder bieten.
- Die Kinder streichen oder ergänzen die ausgewählten Artikel, um möglichst nahe an den Gesamtbetrag von 250 Euro zu gelangen.

Anschaffungswünsche

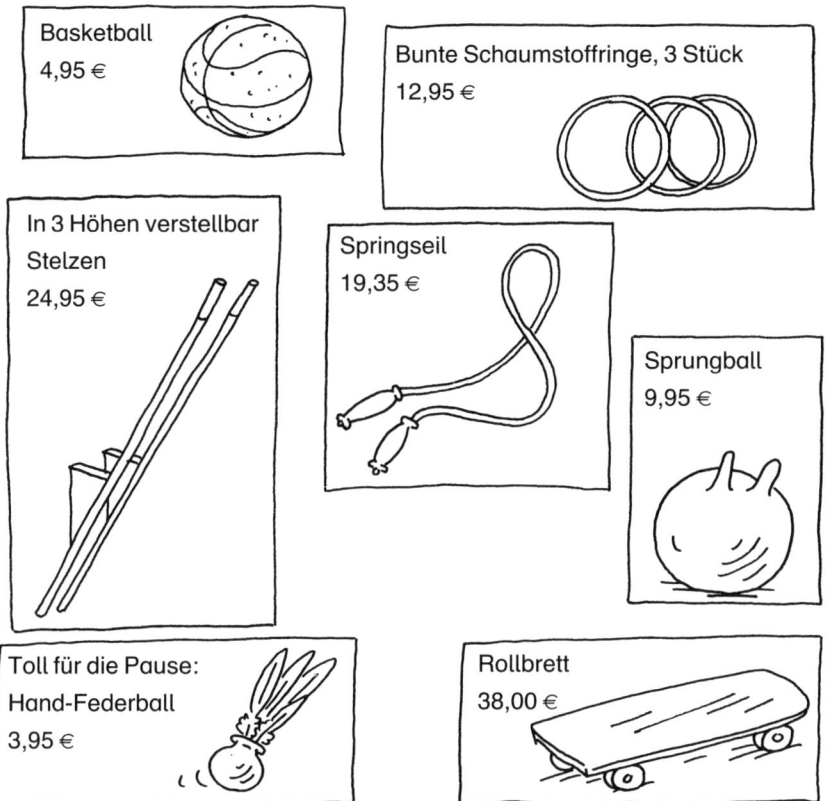

Basketball
4,95 €

Bunte Schaumstoffringe, 3 Stück
12,95 €

In 3 Höhen verstellbar
Stelzen
24,95 €

Springseil
19,35 €

Sprungball
9,95 €

Toll für die Pause:
Hand-Federball
3,95 €

Rollbrett
38,00 €

1) In der Klasse 3a sind 26 Kinder.
   Was würdest du aus dem Katalog bestellen?
   Was kostet es?
   Schreibe alle Angaben in einer Tabelle auf.

Artikel	Anzahl	Einzelpreis	Gesamtpreis
		€	€
		€	€

2) Die Klasse 3b kann 250 Euro für Pausenspiele ausgeben.

Fahrradtour

Ziele:	A	I
Standardeinheiten aus dem Bereich der Zeitspannen kennen;	4.1	4.1.a
Sachaufgaben auch in mehreren Schritten darstellen, lösen	5.1	4.2.d

Bearbeitungshilfen: Markieren; Skizze

Material: Sachtext von Fahrradtouren; Fragen zum Text

Anregungen:
- Die Kinder lesen den Sachtext.
- Die Kinder markieren die Daten in Einzelarbeit mit unterschiedlichen Farben.
- Die markierten Daten werden in Skizzen übertragen.

Bearbeitungshilfe:
Lisa:

Haus ——5 km——▶ Oma ——8 km——▶ See ——11 km——▶ Haus

- Die Kinder errechnen, wie viele Kilometer die einzelnen Kinder gefahren sind.
- Die Kinder beantworten unter Zuhilfenahme ihrer Skizzen die vorgegebenen Fragen.
- Die Kinder planen selbst eine Fahrradtour, indem sie neue Skizzen anfertigen und eventuell Rechengeschichten zu ihren Skizzen schreiben.

Fahrradtour

Tanja, Ralf und Lisa haben jeweils mit ihren Eltern am Wochenende eine Fahrradtour unternommen. Sie treffen sich und erzählen darüber. Lisa erzählt, dass sie zuerst zu ihrer Oma gefahren sind. Die Oma wohnt nur 5 km von Lisas Haus entfernt. Ralf berichtet, dass er mit seiner Familie zuerst noch einen Freund abgeholt hat, der 3 km weit entfernt wohnt. Dann ist er mit allen zu einem Abenteuerspielplatz weitergefahren. Der Spielplatz liegt vom Haus des Freundes 7 km weit entfernt. Tanja hat mit ihren Eltern ihre Tante besucht. Die Tante, sie ist 42 Jahre alt, wohnt im 6 km weit entfernten Nachbarort. Lisa sagt, dass sie von ihrer Oma anschließend weiter zu einem Ausflugslokal an einen See gefahren sind. Die Fahrt war anstrengend, da sie von der Oma aus 8 km bis zum See fahren mussten. Anschließend sind sie den direkten Weg nach Hause gefahren, der 11 km lang war. Ralf ist mit seinen Eltern dann noch 2 km zum Eisladen gefahren und anschließend die Strecke von 13 km nach Hause. Tanja ist mit ihren Eltern nach dem Besuch der Tante auf dem gleichen Weg wieder nach Hause gefahren.

Lies den Text und bearbeite die Aufgaben:
1) Markiere in einer Farbe alle Daten, die Tanja betreffen.
2) Markiere in jeweils anderen Farben alle Daten, die Ralf und Lisa betreffen.
3) Fertige eine Skizze für jedes Kind an und überlege, wie weit die einzelnen Kinder gefahren sind.

Beantworte die Fragen zum Text:
1) Wie weit ist es für Lisa bis zu ihrer Oma?
2) Wie weit fährt Ralf vom Spielplatz bis nach Hause?
3) Wie viele Kilometer muss Tanja von ihrer Tante bis nach Hause fahren?
4) Wie viele Kilometer muss Ralf vom Spielplatz aus bis zum Eisgeschäft fahren?

Eine verrückte Spargeschichte

Ziele:	A	I
Sachaufgabe als Rechengeschichte bearbeiten und lösen;	2.1	1.3.a
Ergebnisse auf ihre Problemangemessenheit prüfen;	3.1	4.1.a
Sachaufgaben lösen und dabei die Beziehungen zwischen der Sache und den einzelnen Lösungsschritten beschreiben	4.1 4.2 5.1	4.2.d

Bearbeitungshilfen: Markieren; Rechenstrich

Material: Sachtext

Anregungen:
- Sie besprechen den Rechenstrich als Bearbeitungshilfe mit den Kindern an der Tafel.
- Die Kinder lesen in Einzelarbeit den Sachtext zur Spargeschichte.
- Sie markieren in zwei Farben die relevanten Ausgaben und Einnahmen.
- Die Kinder erstellen passend zur Spargeschichte einen Rechenstrich, auf dem sie Peters Einnahmen und Ausgaben einzeichnen.
- Wenn die Kinder die Ausgaben von den Einnahmen abgezogen haben, stellen sie fest, dass Peter die Kamera schon früher gekauft haben könnte, da er bereits über einen höheren Geldbetrag verfügt, als er für den Kauf der Digitalkamera benötigt.
- Die Kinder erstellen unter Zuhilfenahme von Rechenstrichen Rechengeschichten für andere Kinder, in denen teilweise die benötigten Beträge schon erreicht oder auch noch nicht erreicht werden, sodass dann der noch fehlende Betrag errechnet werden kann.
- Die Kinder bearbeiten bzw. lösen die Rechengeschichten und vergleichen die Ergebnisse untereinander.

Eine verrückte Spargeschichte

Peter spart auf eine Digitalkamera, die 176,90 € kostet.
Auf seinem Sparbuch hat er 82 Euro.
Jeden Monat erhält Peter 20 € Taschengeld.
In einem Monat ist es wieder soweit.
Peters Tante gibt ihm 12 Euro für die Kamera.
Onkel Franz schenkt ihm noch 16 Euro.
Zum Geburtstag erhält Peter von seinen Großeltern insgesamt 50 Euro
und von seiner Tante 25 Euro.
Für die Gartenarbeit bei einem Nachbarn bekommt er 8 Euro.
Peter spart eifrig.
Sein Vater gibt ihm weitere 6 Euro für das Autowaschen.
Peter muss 8 Euro von seinem Ersparten nehmen, um für seine
Schwester Anna ein Geschenk zum Geburtstag zu kaufen.
Für einen Kinobesuch benötigt Peter 6,50 € und
für Popcorn 3 €.
Sein älterer Bruder Tim schenkt ihm 5 Euro für die Kamera.

Rechne mit dem Rechenstrich: Wie viele Monate muss Peter noch sparen?

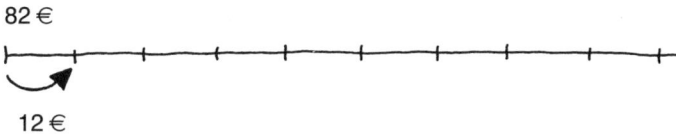

Treffen

Ziele:	A	I
Aus Tabellen, Schaubildern und Diagrammen Informationen entnehmen;	2.1	1.3.a
Standardeinheiten aus den Bereichen Zeitspannen kennen;	3.1	4.1.a
Größenangaben in unterschiedlichen Schreibweisen darstellen (umwandeln)	4.1	4.2.d
	4.2	
	5.1	

Bearbeitungshilfen: Skizze; Tabelle

Material: Wegeplan

Anregungen:
- Die Kinder erhalten die Kartenskizze und die Tabelle mit der Übersicht, wie viel Zeit man ungefähr für die einzelnen Strecken benötigt. Es ist wichtig, dass mit den Kindern besprochen wird, dass die Zeitangaben nur ungefähre Angaben sein können.
- Exemplarisch können ein oder zwei mögliche Aufgaben gemeinsam besprochen werden.
- Die Kinder erfinden selbst Aufgaben, die sie auf Karten schreiben.
- Die Lösung kann auf die Rückseite geschrieben werden.
- Die Kinder lösen anschließend die Aufgaben der anderen Kinder und vergleichen ihre Ergebnisse mit der Lösung auf der Rückseite der jeweiligen Aufgabenkarte.

Weitere Möglichkeit:
- Den Kindern können zuerst die vorgegebenen Aufgaben zur Bearbeitung vorgelegt werden und anschließend formulieren sie selbst weitere Aufgaben.
- Als Bearbeitungshilfe können die Kinder
  - Skizzen anfertigen,
  - Daten in Tabellen eintragen,
  - Zeiten in den Wegeplan eintragen.

   Piet (P) → Fabian (F) → Sportplatz (SP) = 25 Minuten (min)

   oder:

   T → A → N = 20 Minuten

Treffen (1)

Piet	→	Fabian	15 Minuten
Piet	→	Tanja	20 Minuten
Fabian	→	Sportplatz	10 Minuten
Fabian	→	Leon	5 Minuten
Leon	→	Tanja	5 Minuten
Leon	→	Sportplatz	5 Minuten
Tanja	→	Sportplatz	10 Minuten
Tanja	→	Anne	12 Minuten
Tanja	→	Robin	5 Minuten
Tanja	→	Nina	12 Minuten
Robin	→	Schule	8 Minuten
Nina	→	Schule	3 Minuten
Nina	→	Celine	15 Minuten
Nina	→	Anne	8 Minuten
Anne	→	Sportplatz	7 Minuten
Celine	→	Sportplatz	18 Minuten

1) Um 12.00 Uhr möchten sich Nina, Piet und Robin am Sportplatz treffen.
   Wann müssen die einzelnen Kinder losgehen?
2) Fabian holt Leon ab und geht mit ihm zum Sportplatz.
   Wie lange geht Fabian?
3) Piet holt Tanja und Robin ab und geht mit ihnen zur Schule.
   Wie lange braucht Piet?
4) Leon holt Tanja ab und sie gehen dann zu Anne.
   Wie lange geht Leon? Wie lange geht Tanja?
   Wann muss Leon losgehen, wenn sie um 14.00 Uhr bei Anne sein möchten?
5) Nina möchte sich um 15.30 Uhr mit Anne bei Piet treffen.
   Wann muss Nina losgehen? Wann muss Anne losgehen?
6) Wie kommt Fabian am schnellsten zur Schule?

Treffen (2)

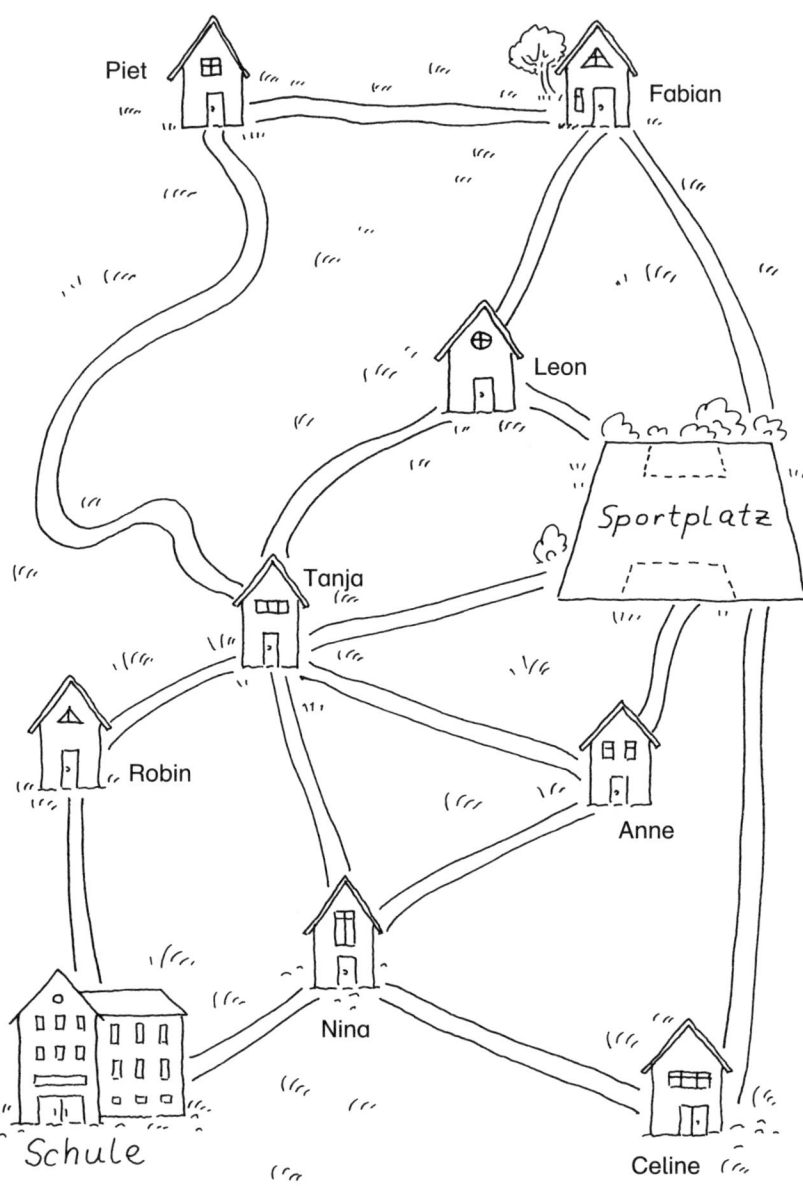

Sachaufgaben für das 3. Schuljahr 77

Ein Blumenstrauß für Oma

Ziele:	A	I
Aus dem Sachtext relevante Informationen entnehmen und eine geeignete Vorgehens- und Darstellungsweise zur Problemlösung entwickeln	5.1 4.1 2.1	1.3.a 1.3.e

Bearbeitungshilfen: Tabelle

Material: Sachtext

Anregungen:
- Sie können die Situation vorgeben und eventuell an den Erfahrungen der Kinder anknüpfen.
- Die Tabelle des Arbeitsblattes kann als Impuls dazu anregen, verschiedene Sträuße zusammenzustellen und die entsprechenden Preise zu ermitteln.
- Die Kinder lesen den Sachtext, bearbeiten ihn und vergleichen die verschiedenen Lösungen miteinander.
- Die auf dem Arbeitsblatt angeführte Tabelle kann mit anderen Blumensorten erweitert werden, um die Variation der Lösungsmöglichkeiten zu erhöhen.
- Ebenso können die Geldbeträge verändert und/oder die Preise den jahreszeitlichen Gegebenheiten angepasst werden.
- Es bietet sich an, die Kinder anzuregen, eigene Aufgaben zu erstellen.

Ein Blumenstrauß für Oma

Oma hat Geburtstag. Helen, Laura und Selina möchten ihr einen schönen Blumenstrauß schenken.
Sie legen ihr Taschengeld zusammen und überlegen, welche Blumen sie für Oma aussuchen sollen.

Blumensorte	Preis
orange und gelbe Tulpen	0,60 €
Osterglocken	0,55 €
gelbe und weiße Nelken	0,65 €
rote Rosen	1,00 €

1) Die Kinder beschließen, insgesamt 10 Euro auszugeben.

2) Helens Eltern geben für einen Strauß etwa 20 Euro aus.

3) Sabine sucht einen Geburtstagsstrauß aus. Sie wählt 8 Osterglocken, 5 rote Rosen, 3 weiße Nelken und 4 orange Tulpen.
   Wie teuer ist der Strauß?

Der Pony-Express

Ziele:	A	I
Entwicklung passender Fragestellungen zu einem vorgegebenen Sachtext	4.1 4.2 3.2	4.2.d 3.2.a

Bearbeitungshilfen: Markieren

Material: Sachtext; evtl. weiterführende Informationen zur Thematik

Anregungen:
- Sie klären die Vorkenntnisse der Kinder.
- Möglicher Impuls: Wer kennt Buffalo Bill?
- Sie besprechen mit den Kindern die Landkarte auf dem Arbeitsblatt und die Bilder von einer Poststaffel.
- Dabei findet eine inhaltliche Aufarbeitung des Sachthemas statt, die ergänzt wird durch das Klären von Begrifflichkeiten, Sichten geeigneter Literatur, Internetrecherche und die Einordnung in den geografischen Raum.
- Sie klären mit den Kindern die Kriterien der Plausibilität und Überprüfbarkeit, denen die Fragen gerecht werden müssen.
- Die Kinder lesen den Sachtext und markieren die für sie bedeutsamen Aussagen, die zur Formulierung von passenden Fragen anregen können.
- Im Sinne einer Probehandlung werden exemplarisch einige Fragen zum Text gesammelt und auf ihre Plausibilität überprüft.
- Im Team entwickeln, diskutieren („Können wir das ausrechnen?") und notieren die Schülerinnen und Schüler mathematische Fragestellungen.
- Die Kinder lösen die eigenen Fragestellungen.
- Die Kinder sammeln weitere Ideen zu interessanten Sachgebieten, die sich eignen, eigene Fragestellungen zu entwickeln.

Der Pony-Express

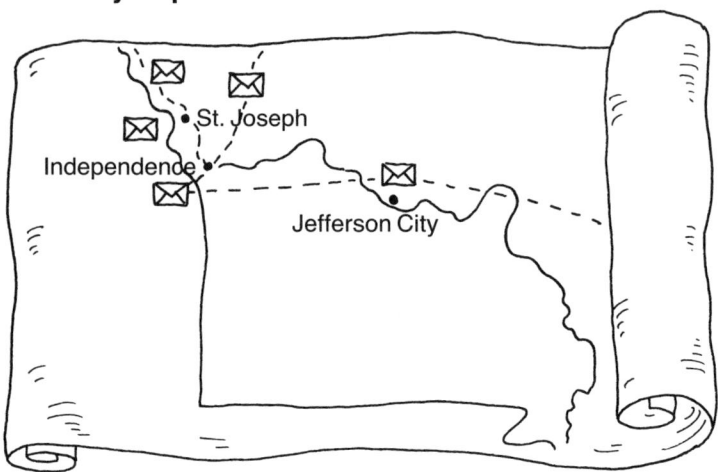

Der Pony-Express war eine berühmte Reiterstaffel, die in den USA die Post verteilte.
Die jungen Männer durften nicht schwerer als 60 kg sein und keine Waffe tragen. Besonders berühmt war Buffalo Bill.
Die Strecke war 3200 km lang.
Alle 15 bis 20 km stand eine Zwischenstation, an der die Post (etwa 10 kg) innerhalb von zwei Minuten an den nächsten Reiter übergeben werden musste.

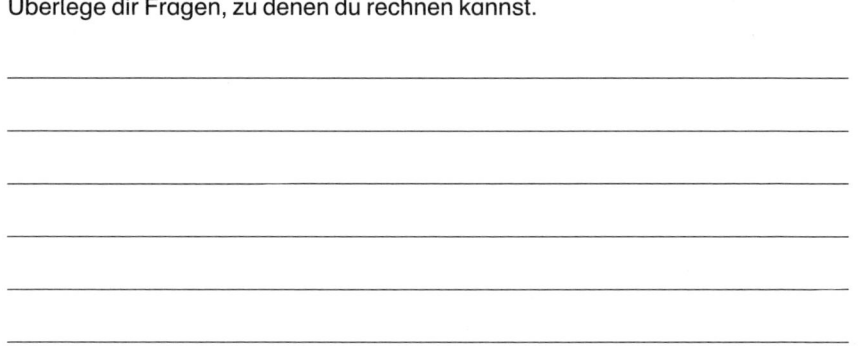

Überlege dir Fragen, zu denen du rechnen kannst.

Sachaufgaben für das 3. Schuljahr

Pakete packen

Ziele:	A	I
Aus Sachtexten relevante Informationen entnehmen und eigene Vorgehensweisen beschreiben; mathematische Anlässe wahrnehmen und in das Alltagswissen integrieren	4.1 2.1	3.1.b 1.3.a

Bearbeitungshilfen: Liste; Tabelle

Material: Kartons in unterschiedlichen Größen; Paketband; Schere; Lineal

Anregungen:
- Sie schnüren mit den Kindern ein Paket.
- Die Kinder lesen den Sachtext und stellen Fragen zum Textverständnis.
- Schätzergebnisse zur voraussichtlichen Länge der Schnur für ein Paket werden gemeinsam gesammelt.
- Es werden Gruppen gebildet, die verschieden große Kartons und Paketschnur erhalten.
- Die Aufgabe der Gruppen ist es, die entsprechenden Daten in die Tabelle einzutragen.
- Die Gruppen stellen ihre Ergebnisse vor und tauschen sie untereinander aus.
- Zusammenhänge zwischen den verschiedenen Paketgrößen und der Länge der benötigten Schnüre werden besprochen.
- Innerhalb der Weiterarbeit können veränderte Paketformate nach gleicher Vorgehensweise bearbeitet werden z. B. Höhe: 14 cm, Länge: 42 cm, Breite: 12 cm.

Pakete packen

Ron hilft seiner Mutter, Weihnachtspakete zu schnüren.
Die Pakete sind unterschiedlich groß und haben alle die Form eines Würfels.

Länge, Höhe und Breite der Pakete:

1. Paket: 10 cm
2. Paket: 20 cm
3. Paket: 30 cm
4. Paket: 40 cm
5. Paket: 50 cm

1) Wie lang müssen die Bänder mindestens sein?
   Rechne für Knoten und Schleife noch 30 cm dazu.

2) Erstelle eine Tabelle.

Pakethöhe	Schnurlänge	Schleife	insgesamt
10 cm			
20 cm			

3) Was fällt dir an den Ergebnissen auf?

Lasse hat Geburtstag

Ziele:	A	I
Dem Sachtext sollen relevante Informationen entnommen und Lösungsstrategien systematisch entwickelt und dargestellt werden.	1.1 2.1 4.1	1.3.a 1.3.d

Bearbeitungshilfen: Listen

Material: Sachtext

Anregungen:
- Sie führen mit den Kindern ein Gespräch über Planungen von Geburtstagsfeiern durch.
- Die Kinder lesen den vorgegebenen Sachtext und markieren die bedeutsamen Aussagen. Anschließend lösen die Kinder die Aufgabe in Partner- oder Gruppenarbeit.
- Die Einkaufsliste kann thematisiert werden.
- Die Kinder können angeregt werden, Überschläge zu den zu erwartenden Kosten zu bilden.
- Im Gespräch werden die unterschiedlichen Lösungen miteinander verglichen.
- Im Anschluss bietet diese Aufgabe viele Möglichkeiten zu Eigenproduktionen der Kinder.

Einkaufsliste:

Menge	Artikel	Preis

Lasse hat Geburtstag

Lasse plant seine Geburtstagsfeier. Er hat 8 Freunde dazu eingeladen.
Im Garten versteckt er eine Schatzkiste mit Süßigkeiten.
Jedes Kind soll zwei Teile bekommen.
Lasse nimmt sich einen Zettel und schreibt auf, was er besorgen will.

Einkaufszettel

1 kleine Tüte Gummibärchen
0,35 €

1 Tafel Schokolade
0,65 €

Schokokekse
0,50 €

Lutscher
0,25

Trinkpäckchen
0,25 €

Schreibe Lasses Einkaufszettel auf.

Sternzeichen

Ziele:	A	I
Innerhalb von Darstellungen Vergleiche durchführen; Informationen entnehmen und übertragen	5.1 5.2 4.1	4.1.b 4.2.a

Bearbeitungshilfen: Tabelle; Diagramm

Material: Tabelle; evtl. ergänzende Informationen zur Thematik (Geburtstagsliste)

Anregungen:
- Sie knüpfen an die Vorerfahrungen der Kinder an: Welches Sternzeichen hast du?
- In einem gemeinsamen Gespräch wird die Tabelle gelesen, erläutert und eventuell ordnen die Kinder ihre Geburtsdaten exemplarisch zu.
- Die Kinder erstellen gemeinsam mit Ihnen eine Strichliste an der Tafel. Daraus wird ein Kreisdiagramm (mithilfe der Zeichenuhr) oder ein Säulendiagramm entwickelt.
- Die Kinder entwickeln eigene Fragestellungen, tauschen sie untereinander aus und lösen sie.

Sternzeichen

Die Sonne durchwandert im Jahreskreis 12 Tierkreiszeichen.

Sternzeichen	Zeitraum
Waage	24. September – 23. Oktober
Zwillinge	21. Mai – 21. Juni
Steinbock	22. Dezember – 20. Januar
Löwe	23. Juli – 23. August
Widder	21. März – 20. April
Jungfrau	24. August – 23. September
Fische	20. Februar – 20. März
Schütze	23. November – 21. Dezember
Wassermann	21. Januar – 19. Februar
Stier	21. April – 20. Mai
Krebs	22. Juni – 22. Juli
Skorpion	24. Oktober – 22. November

1) Schreibe die Sternzeichen geordnet in einer Tabelle auf und ergänze die Anzahl der Tage.

2) Zeichne in dein Heft einen Kreis und teile ihn gleichmäßig in 12 Teile auf. Ordne die Sternzeichen darin ein.

3) Welche Sternzeichen haben deine Mitschüler? Schreibe auf und sortiere nach der Anzahl.

4) Welche Fragen interessieren dich noch dazu? Schreibe sie auf.

Treppen laufen

Ziele:	A	I
Lösungsstrategien entwickeln und dabei verschiedene Repräsentationsebenen nutzen; mathematische Kenntnisse, Fertigkeiten und Fähigkeiten bei der Bearbeitung problemhaltiger Aufgaben anwenden	1.1 1.2 3.2	1.3.a 3.1.c

Bearbeitungshilfen: Tabelle; Skizze; Zahlenstrahl

Material: Sachtext

Anregungen:
- Die Kinder berichten über ihre Erfahrungen, Treppen hochzulaufen.
- Eventuell kann die Treppe im eigenen Schulgebäude zur Veranschaulichung genutzt werden. Die Kinder können dann Variationen des Auf- und Absteigens ausprobieren.
- Die Kinder lesen den Sachtext und arbeiten in Gruppen an der Aufgabe.
- Dabei geben Sie ihnen den Tipp, eine Skizze anzufertigen, auf der die berührten Treppenstufen markiert werden können.
- Auch mithilfe eines Rechenstriches können die Kinder die Ergebnisse visualisieren.

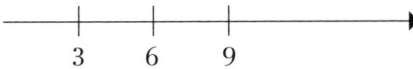

- Innerhalb einer gemeinsamen Reflexion werden die Ergebnisse verglichen und die Vorgehensweise erläutert: Wie bist du vorgegangen?
- Die Kinder können neue Aufgaben mit veränderten Bedingungen erfinden.

Treppen laufen

Die Treppen zur Klasse 3a haben 86 Stufen.
Ben nimmt zum Hinauflaufen immer drei Stufen auf einmal. Zum Herunterlaufen nimmt er immer zwei Stufen.

1) Wie viele Schritte nimmt er hinauf?
2) Wie viele Schritte braucht er, um hinunter zu kommen?
3) Welche Stufen nutzt er zweimal?
4) Finde ähnliche Aufgaben.

Was kostet eigentlich ...?

Ziele:	A	I
Mathematische Zusammenhänge erkennen, nutzen und in das Alltagswissen integrieren; Aus Darstellungen der Lebenswirklichkeit relevante Informationen entnehmen und erklären können	1.2 1.3 4.1	1.3.b 4.2.b

Bearbeitungshilfen: Liste; Tabelle

Material: Rezept; Etiketten

Anregungen:
Diese Sachaufgabe kann dann eingesetzt werden, wenn gemeinsame Unterrichtsvorhaben mit der Klasse anstehen.
- Sie zeigen zunächst Etiketten (OHP) und klären auf der Grundlage dieser Visualisierung Begrifflichkeiten und Angaben. Diese Information kann als Gesprächsanlass genutzt werden, um über eigene Einkäufe und über das Abwiegen von Lebensmitteln ins Gespräch zu kommen.
- Alternativ könnte ein klasseninterner Anlass (Klassenfeier, Schulfest usw.) genutzt werden, darüber ins Gespräch zu kommen, wie ein Einkauf für gemeinsames Kochen zu planen ist.
- Die Kinder lesen den Sachtext und bearbeiten die Aufgaben.
- Gemeinsam oder in Partnerarbeit können sie Einkaufslisten zusammenstellen und die anfallenden Kosten überschlagen.
- An dieser Stelle besteht die Möglichkeit, die Kinder zu Preisvergleichen anzuregen.
- Im weiteren Verlauf können weitere Fragestellungen entwickelt werden, z. B.: Wie viel Euro bezahlst du für zwei Kilogramm Bananen? Wie teuer ist eine Nektarine?

Was kostet eigentlich

Einkauf für den Obstsalat

2 Bananen
3 Birnen
2 Orangen
3 Äpfel

Obstsalat

Rezept für sechs Personen
- Bananen und Orangen schälen
- übriges Obst waschen
- alles in mundgerechte Stücke schneiden
- 3 Esslöffel Zucker und einen Spritzer Zitronensaft zufügen

1) Welche Informationen kannst du aus den Etiketten entnehmen?

2) Wie teuer ist dein Einkauf?

3) Wenn du mit deiner Klasse einen Obstsalat zubereiten möchtest, brauchst du die vierfache Menge an Obst.

Sachaufgaben für das 3. Schuljahr 91

Wir planen ein Turnier

Ziele:	A	I
Mathematische Zusammenhänge erkennen, die Vorgehensweise beschreiben und im Prozess reflektieren; gemeinsame Bearbeitung der Sachaufgabe, dabei Verabredungen treffen und einhalten; geeignete Darstellungen entwickeln, auswählen und nutzen	1.3 2.1 2.3 5.1	1.3.a 1.3.d

Bearbeitungshilfen: Skizze; Tabelle

Material: Sachfragen

Anregungen:
Diese Sachaufgabe eignet sich besonders, wenn Sie solch ein gemeinsam geplantes Turnier auch im Anschluss durchführen (Kooperation mit Sport).

- Sie knüpfen im Gespräch an bisherige Turniererfahrungen der Kinder in verschiedenen Sportarten an.
- Die Kinder erhalten die Problemstellung, ein eigenes Turnier „Jeder gegen jeden" zu planen.
- An dieser Stelle ist es günstig, zunächst einmal Fragen an der Tafel (oder Notizen in unterschiedlichen Gruppen) zu sammeln, die bei der Turnierplanung aufkommen können.
- Eine Gruppenarbeit zur Planung und Durchführung eines Turniers „Jeder gegen Jeden" kann sich anschließen. Sie geben dabei Anregungen zur Findung geeigneter Notationsformen (Spielplan, Zeitplan …).
- Die Ergebnisse werden präsentiert. Eine Reflexion über die Durchführbarkeit und über eventuelle Schwierigkeiten schließt sich an.
- Ein Turnier wird durchgeführt.
- Weiterführende Fragestellungen können sein: Wie würde die Organisation mit 2 oder 3 Tischtennisplatten aussehen? 2 oder 3 Kinder kommen dazu.

Wir planen ein Turnier

Ben, Bill, Bodo, Anna, Bert und Barbara treffen sich häufig zum Tischtennisspielen. Auf dem Schulhofgelände steht eine Tischtennisplatte.
Bert hat die Idee, an einem Nachmittag ein Turnier „Jeder gegen jeden" zu organisieren.

1) Um wie viel Uhr sollen die Kinder mit dem Turnier anfangen?

2) Wann soll das Turnier beendet sein?

3) Wie lange soll ein Spiel dauern?

4) Wie wird der Sieger ermittelt?

5) Wie viele Spiele sind es?

6) Wie sollen die Spielstände aufgeschrieben werden?

7) Wie würde die Organisation mit 2 Tischtennisplatten aussehen?

8) 2 Kinder kommen dazu und möchten gerne an dem Turnier teilnehmen.

Sachaufgaben für das 3. Schuljahr 93

Witze weitererzählen

Ziele:	A	I
Herausarbeiten und Nutzen einer Lösungsstrategie; für die Bearbeitung des mathematischen Problems geeignete Darstellungsformen entwickeln, auswählen und nutzen	1.2 2.1 5.1	1.3.a 1.3.b 3.1.a

Bearbeitungshilfen: Diagramm; Skizze

Material: Sachtext

Anregungen:
- Als Impuls kann an der Tafel der Begriff „Lauffeuer" stehen. Die Kinder bringen ihr bisheriges Wissen ein und erzählen eventuell über eigene Erfahrungen.
- Sie bestimmen eine Beobachterin oder einen Beobachter, die oder der sich Notizen dazu macht, wie ein Lauffeuer in Gang gesetzt wird. Nun flüstern Sie einem Kind einen kurzen Witz ins Ohr. Danach soll dieser Witz möglichst schnell von Kind zu Kind an alle anderen Kinder der Klasse weitergegeben werden. Die Kinder überlegen, wie das funktionieren kann.
- Die Beobachterin oder der Beobachter berichtet über die Vorgehensweise der Klasse.
- Die Kinder lesen den Sachtext und besprechen in Gruppen geeignete Vorgehens- und Notationsweisen.
- Über gefundene strategische Vorgehensweisen wird gemeinsam reflektiert.
- Im weiteren Verlauf können die Kinder ähnliche Beispiele erfinden, z.B. Hände schütteln …

Witze weitererzählen

Yannik erzählt gerne Witze.
Den folgenden Witz möchte er als Lauffeuer in der Schule verbreiten.

Zwei Mäusekinder gehen spazieren.
Plötzlich fliegt eine Fledermaus vorbei.
Da sagt die eine Maus zur anderen:
„Wenn ich groß bin, werde ich auch Pilot!"

Zunächst erzählt Yannik diesen Witz seinen 3 besten Freunden.
Diese erzählen den Witz innerhalb einer Viertelstunde jeweils
3 weiteren Freunden ...

1) Wie viele Kinder kennen den Witz nach einer Stunde?

2) Erfinde ähnliche Aufgaben.

Sachaufgaben für das 3. Schuljahr

Bundesjugendspiele

Ziele:	A	I
Sachaufgaben lösen und dabei die Beziehungen zwischen der Sache und den einzelnen Lösungsschritten beschreiben;	1.1 2.1 4.1	1.3.a 4.1.a 4.1.b
Größen vergleichen, messen und schätzen;	4.2	4.2.d
aus Tabellen Informationen entnehmen;	4.3	5.1.b
Lösungswege anderer verstehen und darüber gemeinsam reflektieren	5.3	

Bearbeitungshilfen: vorgegebene und selbst erstellte Tabellen

Material: Tabellen; vorgegebene Aufgabe; evtl. eigene Wettkampfkarten

Anregungen:
- Die Durchführung der Sachaufgabe bietet sich zeitnah zum Termin der Bundesjugendspiele an (zur Vorbereitung und zur Auswertung der eigenen Leistung nach dem durchgeführten Sportfest).
- Im Gespräch kann an die bisherigen Erfahrungen der Kinder angeknüpft werden.
- Die Tabelle oder eine Wettkampfkarte kann als Veranschaulichung genutzt werden.
- Übungen zum Lesen der Tabellen können im Plenum durchgeführt werden.
- Sachinformationen und Daten können an einigen Beispielen gemeinsam mit den Schülern aus den Tabellen entnommen werden.
- Die Sachfragen werden gemeinsam besprochen und in Gruppen bearbeitet.
- Gemeinsam werden die Ergebnisse ausgetauscht und es wird über die gefundenen Lösungen reflektiert.
- Weitere Aufgaben können erfunden, aufgeschrieben, bearbeitet und ausgetauscht werden.
- Beschäftigung mit anderen Sportergebnissen, z.B. Schwimmwettkampf, Bundesliga, Europameisterschaften ... können als Fortführung genutzt werden.

Bundesjugendspiele (1)

Ergebnisse der Bundesjugendspiele der Klasse 4a und 4b

Gruppe A	50 m	Weitsprung	Schlagball
Tom	9,3	2,41	24,0
Ole	10,6	2,97	35,5
Christian	9,9	1,93	31,0
Claas	11,9	3,15	26,5
Finian	10,3	2,59	19,5
Linda	10,8	2,31	17,5

Gruppe B	50 m	Weitsprung	Schlagball
Thomas	11,7	3,03	36,5
Erwin	10,3	2,97	29,5
Waltraud	9,7	2,99	27,0
Christine	9,3	3,07	28,5
Lilo	11,4	2,61	24,5
Sandra	9,0	2,99	25,0

Alle Kinder sind 9 Jahre alt.
Punkte für eine Siegerurkunde/Mädchen: 550
Punkte für eine Ehrenurkunde/Mädchen: 725
Punkte für eine Siegerurkunde/Jungen: 525
Punkte für eine Ehrenurkunde/Jungen: 675

1) Wer bekommt welche Urkunde?

2) Lars (9 Jahre) möchte gerne eine Ehrenurkunde haben. Er hat im Weitsprung 2,11 m geschafft und den Ball 21 m weit geworfen.
Wie schnell muss er laufen?

3) Wie weit ist Gruppe A zusammen gesprungen?

4) Wie weit hat Gruppe B zusammen geworfen?

5) Was interessiert dich sonst noch? Überlege eigene Fragen.

Bundesjugendspiele (2)

Wettkampfkarte Mädchen

Bundesjugendspiele (3)

Wettkampfkarte Jungen

Sachaufgaben für das 3. Schuljahr

Fernsehen: Höchstens eine Stunde am Tag!

Ziele:	A	I
Aus Tabellen Informationen entnehmen;	1.1	4.2.d
mit Größen in Sachsituationen umgehen;	4.1	5.1.b
Zeitspannen berechnen;		
über das eigene Fernsehverhalten nachdenken		

Bearbeitungshilfen: Tabelle

Material: Arbeitsblatt (evtl. auch auf Folie kopieren); aktuelle Kopie(n) des Fernsehprogramms (Kindersendungen)

Anregungen:
- Im Gesprächskreis wird die Thematik „Fernsehen" aufgegriffen bzw. angesprochen; Impulsfrage: „Was glaubt ihr, wie lange ihr gestern (am Samstag, Sonntag ...) ferngesehen habt?"
- Die Kinder werden über die Empfehlung des Kinderschutzbundes informiert (evtl. „Kinderschutzbund" klären); Kinder äußern sich dazu.
- Sie geben ein Ziel vor: „Ihr könnt üben, euer eigenes Fernsehprogramm für einen Tag zusammenzustellen."
- Die Kinder bearbeiten Aufgabe 1 auf dem Arbeitsblatt. Mögliche Hilfen:
  - Uhrzeiten farblich markieren (Stunden blau, Minuten rot)
  - leerer Rechenstrich oder Pfeildarstellung als Darstellungshilfe für die Berechnung der Zeitspannen
  - Eintragen der End-Zeiten der einzelnen Sendungen in die Tabelle:

Beginn	Sendung	Dauer
13.20 bis 13.45	Landmaus und Stadtmaus	25 min
13.45 bis 14.05	Der große Vampir	20 min

- Die Kinder stellen Rätselfragen zum Fernsehprogramm, wie: Welche Sendung beginnt um ...?; Um wie viel Uhr endet Dreistein?; Welche Sendung dauert ... Minuten?
- Die Kinder stellen Uhrzeiten (analog und digital) ein.
- Für die Auswahl der Fernsehsendungen in Aufgabe 2 sollte den Kindern möglichst die Kopie des Programms des nächsten Tages zur Verfügung gestellt werden, damit die Aufgabe „Ernstcharakter" besitzt.
- Ein Partnerkind kontrolliert nach, ob eine Stunde wirklich nicht bzw. nur geringfügig überschritten wird (in der Klasse diskutieren, wie viele Minuten „Überziehungszeit" akzeptiert werden können).

Fernsehen: Höchstens eine Stunde am Tag!

Der deutsche Kinderschutzbund empfiehlt, dass Kinder bis 10 Jahre nicht länger als 1 Stunde am Tag fernsehen sollten.
Du musst dir deine Sendungen also immer gut aussuchen und genau ausrechnen, wie lange sie dauern. Das kannst du jetzt üben.

1) In einer Fernsehzeitschrift findest du die folgenden Sendungen eines Kinderkanals:

Beginn	Sendung	Dauer
13.20	Landmaus und Stadtmaus	25 min
13.45	Der große Vampir	
14.05	Tierisch was los	
14.20	Walter, der Detektiv	
14.55	Billy the Cat	
15.05	Dreistein	
15.30	Vorsicht! Papagei	
16.00	Tolle Trolle	

a) Trage in die Tabelle ein, wie lang die einzelnen Sendungen dauern.
b) Du schaltest um 15.20 Uhr den Kinderkanal ein. Welche Sendung läuft gerade?
c) Es ist 13.50 Uhr. Wie lange musst du warten, bis „Dreistein" beginnt?

2) Stelle dir für einen Tag dein eigenes Fernsehprogramm zusammen.
Trage Sendungen und Dauer in eine Tabelle ein und überprüfe, ob du wirklich nur 1 Stunde fernsehen wirst.

Beginn	Sendung	Dauer

insgesamt: _____ min

Sachaufgaben für das 3. Schuljahr 101

Am Fahrkartenautomaten: Welche Tickets nehmen wir?

Ziele:	A	I
Darstellungen der Lebenswirklichkeit die relevanten Informationen entnehmen;	1.1 1.3	1.3.a 1.3.d
Sachaufgaben mit Größen lösen;	4.1	4.2.d
Sachaufgaben systematisch variieren	4.2	

Bearbeitungshilfen: Markieren oder Notieren relevanter Angaben; Stichworte

Material: Arbeitsblatt; evtl. verschiedene Fahrkarten der örtlichen Nahverkehrsmittel

Anregungen:
- Sie führen ein Eingangsgespräch über die Erfahrungen mit öffentlichen Verkehrsmitteln durch, in dem Sie die Kenntnisse der Kinder über Fahrpreise und verschiedene Tickets ermitteln.
- Der Impuls kann sein: Inzwischen gibt es so viele verschiedene Tickets, da muss man schon genau überlegen, welche die günstigsten sind.
- Sie klären mit den Kindern Begriffe wie „Preisstufe", „Entwerteraufdruck" auf dem Arbeitsblatt.
- Die Kinder bearbeiten Aufgabe 1 in Partner- oder Gruppenarbeit.
- Einzelne Überlegungen können stichwortartig notiert werden. z. B.:
4 Kinder (Hinfahrt): 1 Viererkarte A
4 Kinder (Rückfahrt): 1 Viererkarte A
2 Kinder (Hin- und Rückfahrt): 1 Viererkarte A
- Insbesondere für Aufgabe 1c gibt es verschiedene Vorgehensweisen. Sehr wahrscheinlich werden die Kinder vom Gesamtpreis von 12,90 Euro ausgehen und diesen durch 6 halbschriftlich teilen, zuerst 12 Euro und dann 90 Cent. Der Tipp weist auf die Möglichkeit hin, direkt die Hälfte des Preises für ein 4er-Ticket zu berechnen.
- In Aufgabe 2 sind die Kinder gefordert, die Ausgangssituation zu variieren und durch die entsprechenden Berechnungen den Mathematisierungsprozess zu sichern.
- Als Weiterführung könnten sich die Kinder über die Fahrpreise der eigenen lokalen öffentlichen Verkehrsmittel informieren und weitere (fiktive) Sachaufgaben nach dem vorgegebenen Muster bilden.

Am Fahrkartenautomaten: Welche Tickets nehmen wir?

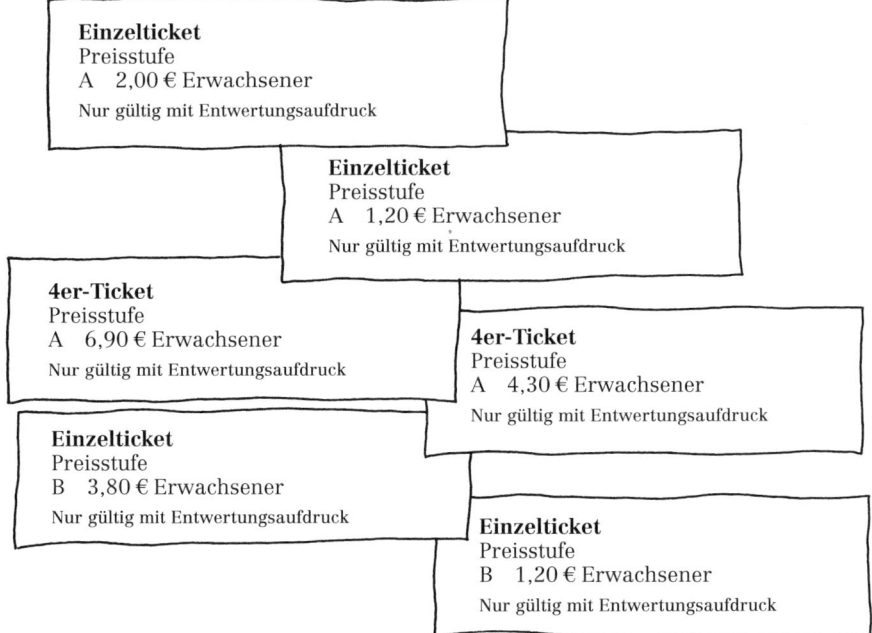

1) Sonja will mit ihren 5 Freundinnen mit der Straßenbahn zum Hallenbad fahren (und auch wieder zurück).
   Das Hallenbad liegt innerhalb der Preisstufe A.
   a) Welche Tickets sollen sich die Kinder am Fahrkartenautomaten ziehen?
   b) Wie viel bezahlen sie dann alle zusammen?
   c) Wie viel bezahlt dann ein Kind für die Hin- und Rückfahrt?

2) Was wäre, wenn Sonja mit ihrer Mutter und ihren zwei Geschwistern ins Hallenbad fahren möchte? Oder mit …?

3) Schreibe eine ähnliche Rechengeschichte und berechne den Preis für die Tickets. Gib dann deine Rechengeschichte deinem Partner.
   Hat das Kind dasselbe Ergebnis wie du?

Tipp: Auf einem 4er-Ticket können 2 Personen hin- und zurückfahren.

Memo-Spiel: Kannst du 6 Karten mehr haben als ich?

Ziele:	A	I
Spielsituationen mathematisch erfassen und beschreiben;	1.2	1.3.b
aus Tabellen Informationen entnehmen;	1.3	3.1.b
in Beobachtungen/Untersuchungen Daten sammeln; relationale Beziehungen untersuchen;	3.1	1.3.d
	3.2	5.1.a
Probierstrategien entwickeln	3.3	
	5.1	

Bearbeitungshilfen: Veranschaulichung mit Material; Skizze

Material: Memo-Spiele (20/22 Karten) für immer ein Partnerpaar (können von den Schülern mitgebracht werden); Arbeitsblatt (evtl. als Folie); Spielprotokollbogen (Kopie) für jedes Partnerpaar

Anregungen:

- Zum Einstieg erzählen Sie eine fiktive Geschichte von Paula und Jens, die ein Memo-Spiel gespielt haben. Nach dem Spiel behauptet Jens: „Ich habe 6 Karten mehr als du." Paula antwortet: „Das kann nicht sein!" Sie fragen, woher Paula das wissen kann. Die Kinder äußern Vermutungen. Sie fordern die Kinder auf, beim Spiel auf ihre Gewinnpunkte zu achten.
- Die Notation der „Gewinnpunkte" im Spielprotokoll wird in der Klasse geklärt. Wer nach 4 Runden die meisten „Gewinnpunkte" erzielt hat, ist endgültiger Gewinner. Es wird besprochen, wie der Unterschied zwischen den beiden Stapeln („Gewinnpunkte"!) ermittelt werden kann (durch direktes Vergleichen der Kartenstapel oder durch Berechnen des Unterschieds).
- Die eingetragenen „Gewinnpunkte" werden an der Tafel gesammelt und evtl. nach der Größe sortiert: 4, 8, 12, 16, 20. Es fällt auf, dass nur wenige Zahlen als „Gewinnpunkte" vorkommen. Die „Gewinnpunkte" unterscheiden sich immer um 4.
- Es kann sich ein Unterrichtsgespräch mit weiteren Impulsfragen anschließen:
Warum können die „Gewinnpunkte" keine ungeraden Zahlen sein? (Warum kann man nie 3 oder 5 oder 7 Karten mehr haben?)
Warum kann man nicht nur mit einem Karten-Paar mehr gewinnen? Die Kinder können durch konkretes Handeln feststellen, dass dann die restlichen 18 Karten gleichmäßig auf beide Partner verteilt werden müssten, pro Partner also 9 Karten. Damit kann man keine Karten-Paare bilden (1 Karte bleibt dann bei jedem Spieler übrig).

- Aufgabe 3 als Zusatzangebot: Die Kinder können hier ihre Überlegungen und ihre Vorgehensweisen von Aufgabe 2 anwenden. Ihnen sollte zum Ausprobieren ein Satz von 22 Karten zur Verfügung gestellt werden. Bei 22 Karten ergeben sich als „Gewinnpunkte" die Zahlen 2, 6, 10, 14, 18 und 22. Paulas Eintrag von 4 Punkten kann also nicht stimmen!
- Aufgabe 4 als Zusatzangebot: Die Aufgabe lässt sich durch konkretes, ausprobierendes Handeln lösen: Die Kinder nehmen von den 22 Karten 2 weg (für Paula) und teilen die 20 übrigen gleichmäßig auf.
- Paula hat dann insgesamt 12 Karten und Jens 10.

Als Bearbeitungshilfe bietet sich auch eine Skizze an:

        Paula   Jens

                      usw.
insgesamt 22 Striche

- Bei Interesse können einzelne Kinder auch noch für andere Anzahlen von Memo-Karten die möglichen „Gewinnpunkte" ermitteln.
- So können Sie den Lernerfolg überprüfen:

Paula hat 14 Memo-Karten. Jens hat 4 mehr. Wie viele Karten hat Jens?

Paula und Jens spielen das Memo-Spiel mit 64 Karten. Am Ende des Spiels zählt Jens schnell seine gewonnenen Karten.
Er hat 28 Karten.
Wer hat gewonnen? Begründe!

Paula und Jens spielen Memory mit 56 Karten. Jens gewinnt.
Er hat 8 Karten mehr als Paula.
Wie viele Karten hat Jens? Wie viele Karten hat Paula?

Memo-Spiel: Kannst du 6 Karten mehr haben als ich? (1)

1) Spielt zu zweit ein Memo-Spiel mit 20 Karten.
   Am Ende des Spiels haltet ihr eure Stapel nebeneinander.
   Wie viele Karten hat der Gewinner mehr? (Gewinnpunkte)
   Tragt eure Gewinnpunkte in das Spielprotokoll ein:
   (Hier seht ihr ein Beispiel von Paula und Jens)

SPIELPROTOKOLL	
Name: Paula	Name: Jens
Wie viele Karten mehr? Gewinnpunkte:	Wie viele Karten mehr? Gewinnpunkte:
4	---
---	4
8	---
---	4
insgesamt: 12	insgesamt: 8

2) Sammelt in eurer Klasse eure Gewinnpunkte. Fällt euch an den Zahlen etwas auf?

3) Überlegt: Wie viele Karten könnt ihr bei einem Spiel mit 20 Karten überhaupt nur immer mehr haben als euer Partner?

4) Hier seht ihr das Spielprotokoll von Paula und Jens. Die beiden haben nun ein Spiel mit 22 Karten gespielt.
   Ein Spielergebnis kann nicht stimmen. Welches? Überlegt oder probiert aus.

SPIELPROTOKOLL	
Name: Paula	Name: Jens
Wie viele Karten mehr? Gewinnpunkte:	Wie viele Karten mehr? Gewinnpunkte:
2	---
6	---
---	14
4	---
insgesamt: 12	insgesamt: 14

5) Bekommt ihr das heraus?
   Paula und Jens spielen ein Memo-Spiel mit 22 Karten.
   Paula hat 2 Karten mehr als Jens.
   Wie viele Karten hat Paula? Wie viele Karten hat Jens?

Memo-Spiel: Kannst du 6 Karten mehr haben als ich? (2)

SPIELPROTOKOLL	
Name:	Name:
Wie viele Karten mehr? Gewinnpunkte:	**Wie viele Karten mehr?** Gewinnpunkte:
insgesamt:	insgesamt:

SPIELPROTOKOLL	
Name:	Name:
Wie viele Karten mehr? Gewinnpunkte:	**Wie viele Karten mehr?** Gewinnpunkte:
insgesamt:	insgesamt:

Gesunde Ernährung mit Calcium für die Knochen

Ziele: Sachtexten und anderen Darstellungen der Lebenswirklichkeit, hier einer Liste, relevante Informationen entnehmen; Daten vergleichen und Beziehungen zwischen der Sache und den Lösungskombinationen erreichen; eine Darstellung (Tabelle) in ein (Diagramm) übertragen.	A 4.1 5.2	I 1.3.a 5.1.b 4.1.b

Bearbeitungshilfen: Tabelle

Material: Sachtext; Tabelle; Hilfe zur Diagrammerstellung, evt. Lebensmittel-Verpackungen zu Mineralwassersorten, Saft, „gesunde Bonbons" usw.

Anregungen:
Die Einheit Milligramm (mg) als ein Tausendstel Gramm ist den Kindern nicht bekannt. Trotzdem könnte den Kindern eine Größenvorstellung ermöglicht werden. Ein halbes Gummibärchen wiegt ungefähr 1 Gramm, der tausendste Teil davon in der Vorstellung würde einem Milligramm entsprechen. Viele lebenswichtige Stoffe benötigt der Körper in ganz geringen Mengen.

- Sie klären zunächst das Vorwissen der Kinder in einem Gespräch: Was weißt du über Calcium in der Nahrung? Welche Lebensmittel enthalten viel Calcium? Warum ist Calcium so wichtig für unsere Knochen und Zähne?
- Die Kinder prüfen Lebensmittel-Verpackungen auf Angaben zum Calcium-Gehalt. Auf einigen Umverpackungen von Bonbons, Mineralwasser usw. werden die enthaltenen Calciummengen aufgeführt.
- Die Kinder lesen den Sachtext auf dem Arbeitsblatt und ermitteln aus der Tabelle Werte zu Lebensmitteln, die viel Calcium enthalten.
- Die Kinder berechnen die Aufgabe. Dazu können sie verschiedene Möglichkeiten/Kombinationen erstellen.
- Die Kinder präsentieren ihre Lösungen im Plenum und begründen ihre Entscheidungen.
- Die Kinder fertigen ein Diagramm an. Die quantitativen Unterschiede des Calciumsgehalts in verschiedenen Lebensmitteln werden so besonders deutlich und können bei maßstabsgerechtem Zeichnen direkt abgelesen werden.

Gesunde Ernährung mit Calcium für die Knochen (1)

Als Kind im Wachstum benötigt dein Körper große Mengen des Mineralstoffs Calcium als Baustoff für die Knochen und Zähne. Das Calcium verleiht den Knochen und Zähnen ihre Festigkeit.
Du benötigst täglich, je nach Alter, zwischen 900 und 1100 Milligramm (mg) Calcium pro Tag.

> Ein Milligramm (mg) ist ein Tausendstel Gramm.

Lebensmittel, die viel Calcium enthalten:

1 Glas Milch (250 ml)	300 mg Calcium
2 Scheiben Vollkornbrot (100 g)	30 mg Calcium
1 Apfel (125 g)	9 mg Calcium
1 Orange (125 g)	53 mg Calcium
100 g Broccoli	105 mg Calcium
100 g Möhren	41 mg Calcium
100 g Spinat	126 mg Calcium
1 Frikadelle (80 g)	12 mg Calcium
2 Scheiben Goudakäse	400 mg Calcium
100 g Pudding	100 mg Calcium
100 g fettarmer Joghurt	120 mg Calcium
100 g Milchschokolade	245 mg Calcium
1 Liter Mineralwasser	400 mg Calcium

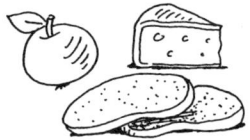

1) Welche Mengen der anderen Lebensmittel aus der Tabelle benötigst du ungefähr, um die gleiche Menge Calcium zu erhalten, die in einem Glas Milch enthalten ist?

2) Kombiniere die Lebensmittel aus der Tabelle. Berechne die Mengen so, dass sie zusammen ungefähr 1000 mg Calcium enthalten. Finde mehrere Möglichkeiten.

Gesunde Ernährung mit Calcium für die Knochen (2)

3) Zeichne ein Diagramm zu den Calciumwerten aus der Tabelle.

Beginne so:

mg													
300	■												
280	■												
260	■												
240	■												
220	■												
200	■												
180	■												
160	■												
140	■												
120	■												
100	■												
80	■												
60	■												
40	■	■											
20	■	■											
	1 Glas Milch	2 Scheiben Brot	1 Orange	100 g Broccoli	100 g Möhren	100 g Spinat	2 Scheiben Käse	100 g Pudding	100 g Joghurt	100 g Schokolade	1 l Mineralwasser	1 Apfel (125 g)	1 Frikadelle (80 g)

Kohlmeisen

Ziele:	A	I
Sachtexten und anderen Darstellungen der Lebenswirklichkeit relevante Informationen entnehmen; bei Sachaufgaben entscheiden, ob eine Überschlagsrechnung ausreicht oder ein genaues Ergebnis nötig ist	2.1 3.1 4.1 5.1	1.3.a 1.3.b 1.3.c

Bearbeitungshilfen: Markieren; Stichwörter; Tabelle

Material: Sachtext, Tabelle, CD zum Gesang der Kohlmeise

Anregungen:
- Sie klären das Vorwissen der Kinder: Kohlmeisen leben ganzjährig in unserer Nachbarschaft. – Was weißt du über Kohlmeisen?
- Die Kinder lesen den Sachtext. Unbekannte Begriffe werden im Unterrichtsgespräch geklärt. Es ist wichtig, dass mit den Kindern besprochen wird, dass die Zeitangaben nur ungefähre Angaben sein können (Witterung, Nahrungsmenge, etc.).
- Passend zur Fragestellung markieren die Kinder relevante Angaben zum Brutvorgang und zur Nahrungsbeschaffung.
- In einer Tabelle tragen die Kinder dann die Daten zur Entwicklung der Kohlmeisenkinder in Stichwörtern ein.
- Die Kinder berechnen im Überschlag für eine angenommene Nachwuchsanzahl der Kohlmeiseneltern das Gewicht des Futters für ein ganzes Gelege (Aufgabe 2) und das durchschnittliche Gewicht des Futters für einen Jungvogel (Aufgabe 3).
- Die Kinder stellen weitere Fragen zum Text, deren Beantwortung direkt durch den Text möglich ist, zu denen sie rechnen können und evtl. Fragen, die man mithilfe des Textes nicht beantworten kann, die jedoch weiterführend mit Hilfe von Sachbüchern oder mit einer Internetrecherche bearbeitet werden können.
- Es kann hilfreich sein, wenn die Tabelle an der Tafel gemeinsam besprochen wird.

Dauer	Tätigkeit der Kohlmeiseneltern
4 Tage	Nest bauen
13 –14 Tage	die Eier ausbrüten
15 – 22 Tage	die Jungen in der Höhle füttern
8 Tage	die Jungen im Freien füttern
zusammen X Tage	

Kohlmeisen

Die Kohlmeise ist die größte Meise, die bei uns lebt. Man erkennt sie an dem schwarzen Kopf mit den weißen Wangen. Die Unterseite des Körpers ist gelb gefärbt mit schwarzem Längsstreifen. Die Kohlmeise ist etwa 14 cm lang. Sie ist ein Standvogel, das bedeutet, sie bleibt das ganze Jahr hindurch an einem Ort. Die Kohlmeise lebt vorwiegend in Gegenden mit Bäumen und vielen Sträuchern. Die Kohlmeise ernährt sich von Insekten, kleinen Raupen und Spinnen. Sie frisst aber auch Samen, Beeren und Knospen.

Die Kohlmeise ist ein Höhlenbrüter. Gerne nistet sie in Nistkästen. Sie baut Anfang April ein weiches und feines Nest aus Moos, Wurzeln, Flechten und Grashalmen. Der Nestbau dauert ungefähr 4 Tage. In das Nest legt das Meisenweibchen etwa 6 bis 12 weiße Eier hinein. Die Eier fallen durch rötliche Flecken auf. Während das Weibchen brütet, wird es vom Männchen gefüttert.
Die Jungen schlüpfen nach 13 bis 14 Tagen. Dann werden sie von ihren Eltern gefüttert. Diese bringen durchschnittlich alle 2 bis 3 Minuten ein erbeutetes Insekt. Die Kohlmeiseneltern füttern ihre Jungen ohne Pause von morgens 6 Uhr bis abends 21 Uhr. Nach 15 bis 22 Tagen verlassen die Jungen das Nest. Sie werden außerhalb des Nestes noch ungefähr 8 Tage lang im Freien gefüttert. Dann sind die Jungen selbstständig.

1) Wie lange dauert der Brutvorgang der Kohlmeisen? Lege eine Tabelle an.

2) In der Meisenhöhle im Schulgarten werden 8 Meisen gezählt. Eine Futterportion wiegt etwa 1 g. Wie viel Gramm Futter verfüttern die Meiseneltern ungefähr, bis die Jungen ausfliegen?

3) Wie viel Gramm Futter erhält jedes Junge ungefähr, bis es ausfliegt?

4) Finde weitere Fragen zum Text.

Spiele früher: Der Kartoffelkönig

Ziele:	A	I
Mathematische Kenntnisse und Fähigkeiten an einer problemhaltigen Aufgabe anwenden;	1.1	1.3.a
	1.2	1.3.b
Lösungen auf Plausibilität überprüfen;	3.2	
einem Text relevante Daten entnehmen	3.1	

Bearbeitungshilfen: Skizze; Markierungen

Material: Sachtext; eventuell Plättchen zum Nachlegen

Anregungen:
- Sie klären mit den Kindern ausgehend vom Text den Spielverlauf.
- Die Kinder markieren wichtige Aussagen.
- Die Kinder gehen in eine kurze Probehandlung (Durchführung des Spiels im Ansatz), damit die Spielregeln allen klar werden.
- Die Aufgaben des Arbeitsblattes werden in Partnerarbeit gelöst.
- Sie geben Anregungen zur Anfertigung einer Skizze. Dazu stellen Sie den Kindern Plättchen und ein leeres Blatt zur Verfügung.

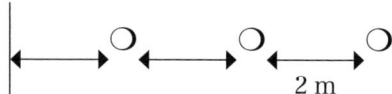

Spiele früher: Der Kartoffelkönig

In alten Zeiten gehörte zu jedem Dorffest ein Kartoffelrennen für Jungen und Mädchen.
Auf dem Boden werden in zwei Reihen 10 Kartoffeln, je 2 Meter voneinander entfernt, hintereinandergelegt. 2 Meter vor der ersten Kartoffel steht ein Korb. Die beiden Wettkämpfer stehen am Korb und rennen auf ein Startzeichen hin zur ersten Kartoffel.
Wer sie erwischt, bringt sie zurück in den Korb und läuft zur nächsten Kartoffel.
Wer als erster 10 Kartoffeln im Korb hat, hat gewonnen.

1) Welche Strecke hat ein Wettkämpfer zurückgelegt, wenn er alle 10 Kartoffeln in den Korb bringt? Schätze und rechne nach!

2) Wie viel Meter wären es bei 20 Kartoffeln?

3) Wie ist es, wenn die Kartoffeln 3 Meter auseinander lägen?

4) Finde weitere Aufgaben.

5 Sachaufgaben für das vierte Schuljahr

Das Blut

Ziele:	A	I
Sachaufgaben lösen und dabei die Beziehungen zwischen der Sache und den einzelnen Lösungsschritten beschreiben	2.1 3.1 4.1 5.1	1.3.a 1.3.d

Bearbeitungshilfen: Markieren

Material: Sachtext: Das Blut, vorgegebene Fragen

Anregungen:
- Die Kinder lesen den Sachtext.
- In zwei verschiedenen Farben markieren die Kinder Fragen, welche sie direkt aus dem Text beantworten können und bei welchen sie Rechnungen durchführen müssen.
- Die Kinder markieren anschließend im Text die Daten, die sie zur Beantwortung der einzelnen Fragen benötigen.
- Die Kinder beantworten die vorgegebenen Fragen direkt aus dem Text oder mit den entsprechenden Rechnungen.
- Die Kinder überlegen weitere Fragen zum Text, die andere Kinder dann lösen können.
- Es kann auch die Aufgabe gegeben werden, dass die Kinder Aufgaben zum Text formulieren, die entweder direkt oder mithilfe von Rechnungen zu lösen sind oder auch Fragen, die gar nicht zu beantworten sind. Die Fragen, die in Einzelarbeit formuliert werden, könnten von anderen Kindern bearbeitet werden, indem sie sie entsprechend markieren und dann lösen. Man könnte auch drei Farben einsetzen:
  - grün: Fragen, die direkt aus dem Text beantwortet werden können.
  - gelb: Fragen, die man ausrechnen muss.
  - rot: Fragen, die nicht zu beantworten sind, aber zum Thema passen.

Das Blut

Der Mensch hat etwa 5 Liter Blut. Das Herz befördert das Blut durch die Adern in den Körper, sogar bis in die Zehenspitzen. Das Herz funktioniert wie eine Pumpe, die mit jedem Schlag das Blut durch den Körper transportiert. Du spürst das am Puls. Während deines ganzen Lebens wird dies bis zu 3 Milliarden Mal (3 000 000 000) passieren.
Bei Kindern schlägt das Herz ungefähr 90-mal in der Minute.
Das Herz eines Erwachsenen schlägt dagegen nur 70-mal in der Minute.
Ein Tropfen Blut braucht ungefähr eine Minute, bis er wieder von seiner Reise durch den Körper zum Herzen zurückkommt. Er verlässt das Herz durch die Arterien und kommt durch die Venen wieder im Herzen an. Diesen Vorgang nennt man auch Blutkreislauf.
Wenn du aufgeregt bist oder Sport machst, kann dein Pulsschlag sogar bis auf über 150 steigen, da dein Körper dann schneller mit Blut versorgt werden muss.

1) Wie lange braucht ein Tropfen Blut auf dem Weg durch deinen Körper?

2) Wie oft schlägt ein Kinderherz in einer Stunde?

3) Wie oft schlägt dein Herz, wenn du eine halbe Stunde lang Sport machst?

4) Wie oft schlägt ein Erwachsenenherz in 15 Minuten weniger als ein Kinderherz?

5) Wie oft schlägt ein Kinderherz an einem Tag?

6) Wie oft schlägt das Herz eines Erwachsenen pro Tag?

7) Wie alt wird der Mensch, wenn er ungefähr 3 Milliarden Pulsschläge erlebt hat?

Übernachtung in der Jugendherberge

Ziele:	A	I
Funktionale Beziehungen in Sachsituationen erkennen;	2.1	1.3.a
sprachlich beschreiben (Menge – Preis);	3.1	1.3.d
Tabellen, Schaubildern Informationen entnehmen	4.1	
	5.1	

Bearbeitungshilfen: Stichwörter; Tabelle

Material: Sachsituation; Preisangaben

Anregungen:
Reale Situation:
- Falls eine Fahrt in eine Jugendherberge geplant ist, erhalten die Kinder Preisangaben zu den Übernachtungen und zu den geplanten Ausflugszielen. Busfahrtkosten, Eintrittsgelder, Führungskosten etc. werden den Kindern dargelegt.
- Die Kinder erstellen in Gruppenarbeit Tabellen mit Stichwörtern zur geplanten Jugendherbergsfahrt, aus denen die Kosten für die einzelnen Teilbereiche und die Gesamtkosten der Fahrt ersichtlich sind. Die Kosten, die jedes einzelne Kind zahlen muss, werden ermittelt.
- Man kann den verschiedenen Gruppen auch unterschiedliche Höchstbeträge nennen, die jeweils nicht überschritten werden dürfen. Die Kinder müssen dann die Fahrt mit einzelnen Ausflügen entsprechend planen. Man kann später mit den Kindern gemeinsam überlegen, wie die Fahrt durchgeführt werden könnte.

Fiktive Situation:
- Die Kinder erhalten das Arbeitsblatt und lösen die Aufgaben.
- Sie erstellen hierzu Stichwörter in Tabellen, die dazu dienen, die Gesamtkosten strukturiert und übersichtlich zu ermitteln.

	1 Nacht	7 Nächte	Bettwäsche	zusammen
Mutter				
Vater				
...				

Übernachtung in der Jugendherberge

Familie Berger will in den Ferien für eine Woche (7 Nächte) mit Vollpension in die Jugendherberge fahren.
Zur Familie gehören Vater, Mutter, Lisa (8 Jahre) und Tom (4 Jahre).
Alle leihen sich Bettwäsche aus.

Kinder bis 2 Jahre sind frei	Kinder 3–5 Jahre	Jugendliche 6–26 Jahre	Erwachsene ab 27 Jahre
Vollpension ab 5 Nächte	13,40	17,80	19,70
Vollpension 2–3 Nächte	15,50	18,00	20,50
Vollpension 1 Nacht (Preis pro Tag)	16,50	19,00	21,50
Bettwäsche (einmalig)	3,50	3,50	3,50
Weitere Mahlzeit, Lunchpaket	3,80	3,80	3,80

1) Wie teuer ist der gesamte Aufenthalt der Familie?
   Schreibe die Daten, die du brauchst in Stichwörtern in eine Tabelle.

2) Überlege dir selbst eine Aufgabe zur Jugendherberge.
   Schreibe die Daten, die du brauchst, in Stichwörtern in eine Tabelle.

Wie alt bist du?

Ziele:	A	I
Struktur des Kalenders kennenlernen;	1.1	1.3.a
Sachaufgaben in mehreren Rechenschritten darstellen,	1.3	1.3.b
bearbeiten und lösen	2.1	1.3.d
	4.2	
	5.1	

Bearbeitungshilfen: Tabelle

Material: Sachinformationen zum Kalender; vorgegebene Fragen

Anregungen:
- Gemeinsam wird die Sachsituation besprochen.
- An der Tafel werden die Daten zum Kalender (Tage im Jahr, Wochen im Jahr, Schaltjahre) notiert und gemeinsam erörtert.
- Die Kinder bekommen den Auftrag, die Anzahl von Tagen von einem fiktiven Geburtstag bis zum heutigen Datum zu bestimmen.
- Gemeinsam kann die Tabelle, die als Bearbeitungshilfe dienen soll, besprochen werden, bevor die Kinder in Einzelarbeit die Aufgabe bearbeiten.
- Anschließend bearbeiten die Kinder die vorgegebenen Aufgaben und errechnen eventuell weitere Altersangaben von Klassenkameraden in Tagen.
- Anhand von Angaben in einer ausgefüllten Bearbeitungstabelle errechnen die Kinder auch in umgekehrter Art das Geburtsdatum.

Wie alt bist du?

> 1 Jahr = 365 Tage
> 1 Jahr = 52 Wochen
> 1 Schaltjahr = 366 Tage
> Alle 4 Jahre haben wir ein Schaltjahr.
> Das Jahr 2004 war das letzte Schaltjahr.

1) Maike wurde am 01.02.2004 geboren. Rechne ihr Alter in Tagen aus.

2) Leons Geburtstag ist der 25. Januar 2002. Rechne sein Alter in Tagen aus.

3) Errechne dein Alter in Tagen.

4) Wann hat Katja Geburtstag?

Geburtstag:	
Tage bis zum Ende des Jahres im Geburtsjahr:	
volle Jahre danach (in Tagen):	☐ Jahr = ☐ Tage
darin enthaltene Schalttage:	
Tage vom Anfang des Jahres bis zum heutigen Datum:	
Summe aller Tage:	

Meine Schulzeit in Zahlen

Ziele:	A	I
Sachaufgaben lösen und dabei die Beziehungen zwischen der Sache und den einzelnen Lösungsschritten beschreiben; Zusammenhänge erkennen, nutzen und auf ähnliche Sachverhalte übertragen	1.3 2.3 3.2 4.1 4.3 5.1	1.3.a 1.3.d 3.2.a 3.2.b

Bearbeitungshilfen: Skizze

Material: Jahreskalender; Aufgaben zum Thema; Stundenpläne; Ferienzeiten

Anregungen:
- Gemeinsam werden an einem Jahreskalender Schuldaten besprochen. Wie viele Wochen Schule gab es im Jahr?
- Wie viele Stunden hatten wir im Durchschnitt pro Woche in den verschiedenen Klassenstufen (in den einzelnen Fächern)?
- Wie viele Ferientage hatten wir im Durchschnitt in einem Schuljahr?
- Die Kinder überlegen Fragen zu ihrer Schulzeit, die sie ausrechnen können.
- Die Aufgaben können in einer Aufgabenkartei gesammelt werden.
- Gemeinsam wird überlegt, welche Aufgaben von Interesse für die Klasse sind.
- Die Kinder teilen die Fragen untereinander auf.
- In Einzel- oder Partnerarbeit werden die Fragen bearbeitet.
- Die Ergebnisse bzw. einzelne Ergebnisse werden vorgestellt und gemeinsam besprochen.
- Alternativ können die vorgegebenen Fragen in der Klasse verteilt und bearbeitet werden. Die Stundenpläne von Klasse 1 bis 4 dienen dabei als Grundlage. Bei den Stundenplänen sind 40 Schulwochen zugrunde gelegt.
- Die einzelnen Aufgaben können die Kinder auch mit dem Taschenrechner ausrechnen, da hier nicht die Rechenfähigkeiten, sondern der Sachaspekt im Vordergrund steht.

Meine Schulzeit in Zahlen (1)

1) Wie viele Wochen Unterricht hast du in deiner Grundschulzeit?
2) Wie viele Wochen Ferien hast du in deiner Grundschulzeit?
3) Wie viele Mathematikstunden hast du in deiner Grundschulzeit?
4) Wie viele Unterrichtsstunden hast du in deiner Grundschulzeit insgesamt?
5) Wie viele Stunden Pause hast du in deiner Grundschulzeit?
6) Wie viele Päckchen Kakao hättest du in deiner Grundschulzeit getrunken, wenn du in jeder Woche bestellt hättest? Was hätte das gekostet?
7) Wie viele Stunden Sport hast du insgesamt in deiner Grundschulzeit?
8) Anne aus der 4a schwätzt in jeder Unterrichtsstunde 5 Minuten. Wie viel Unterricht verpasst sie in einer Woche (in einem Schuljahr)?

Klasse [ ]				
Montag	Dienstag	Mittwoch	Donnerstag	Freitag

M	=	Mathematik	KR/EV	=	katholische bzw. evangelische Religion
D	=	Deutsch	Sp	=	Sport
SU	=	Sachunterricht	Mu	=	Musik
Ku	=	Kunst	E	=	Englisch

Meine Schulzeit in Zahlen (2)

Klasse 1	Montag	Dienstag	Mittwoch	Donnerstag	Freitag
	M	M	KR/EV	M	Sp
	D	D	M	D	D
	SU	Mu	SU	Ku	M
	Sp	Förder	D	Ku	KR/EV
	Sp				

Klasse 2	Montag	Dienstag	Mittwoch	Donnerstag	Freitag
	M	M	KR/EV	M	Sp
	D	D	M	D	D
	SU	Mu	SU	Ku	M
	KR/EV	Förder	D	Ku	SU
				Sp	
				Sp	

Klasse 3	Montag	Dienstag	Mittwoch	Donnerstag	Freitag
	M	M	KR/EV	M	Sp
	D	D	M	D	D
	SU	Mu	SU	Ku	M
	KR/EV	E	D	Ku	E
	Sp	SU	Ku	Su	Sp
	Sp				

Klasse 4	Montag	Dienstag	Mittwoch	Donnerstag	Freitag
	M	M	KR/EV	M	Sp
	D	D	M	D	D
	SU	Mu	SU	Ku	M
	KR/EV	E	SU	Ku	E
	Sp	Ku	D	SU	Sp
	Sp	Förder			

Bei den Bienen

Ziele: Sachaufgaben lösen und dabei die Beziehungen zwischen der Sache und den einzelnen Lösungsschritten beschreiben	A 2.1 4.1 5.1	I 1.3.a

Bearbeitungshilfen: Markieren; Tabelle

Material: Sachtext

Anregungen:
- Die Kinder lesen in Einzelarbeit den Sachtext.
- Passend zur Fragestellung markieren sie in verschiedenen Farben, welche Dienste mit welchen Zeitlängen die Biene verrichtet.
- In einer Tabelle tragen die Kinder dann die Dienste der Sommerbiene ein, um das Ergebnis bestimmen zu können.
  (Der längste Dienst der Sommerbiene ist das Sammeln von Pollen und Nektar. Damit ist sie 33 Tage lang beschäftigt.)
- Es kann hilfreich sein, wenn der Anfang einer Tabelle an der Tafel gemeinsam besprochen wird:

Dauer	Dienst
1.–3. Tag	sauber machen
4.–10. Tag	…
…	…

- Die fertige Tabelle könnte folgendermaßen aussehen:

Dauer	Dienst
1.–3. Tag	sauber machen
4.–10. Tag	Babypflege
11.–15. Tag	Waben bauen
16.–20. Tag	Empfangsdienst
21.–22. Tag	Orientierungsflüge
23. Tag – Lebensende (ca. 56. Tag)	Pollen und Nektar sammeln

Bei den Bienen

Bei den Honigbienen gibt es Sommer- und Winterbienen. Winterbienen überleben den Winter und ziehen im Frühjahr die ersten Larven groß.
Sommerbienen leben höchstens 8 Wochen lang.
Die ersten 3 Tage ihres Lebens halten sie den Bienenstock sauber.
Bis zum 10. Tag arbeiten sie an der Babypflege. An 3 von diesen Tagen füttern sie die Larven.
Die nächsten 5 Tage verbringen sie damit, Wachs auszuscheiden und Waben zu bauen.
Bis zum 20. Tag arbeiten die Sommerbienen jetzt im Empfang. Sie nehmen den Nektar und die Pollen an, die die Sammelbienen bringen. Ein Teil davon ist die Nahrung für alle Bewohner des Bienenstocks, der andere Teil wird in den Waben als Vorrat für die Winterbienen angelegt. Dieser Vorrat wird 2- bis 3-mal pro Jahr vom Imker aus den Waben herausgeschleudert und durch Zuckerwasser ersetzt. Er wird zu unserem Honig verarbeitet.
Am 21. Tag werden aus den Bienen endlich Sammelbienen. 2 Tage lang fliegen sie herum, um sich zu orientieren. Danach fliegen sie jeden Tag aus, um bis zu ihrem Lebensende Pollen und Nektar zu sammeln. Sie schaffen 15 Ausflüge am Tag. Dabei sind sie jeweils eine halbe Stunde unterwegs.
Jeder Stopp im Bienenstock dauert genau 5 Minuten. Hier geben sie ihre Ladung an die Empfangsbienen ab und berichten, wo es etwas Gutes zu holen gibt.

Wie lange dauert der längste Dienst der Sommerbiene?

Sachaufgaben für das 4. Schuljahr

Wer ist der Klassenbeste?

Ziele:	A	I
Aussagen innerhalb einer gegebenen Sachsituation mathematisch interpretieren;	1.1	1.3.a
	1.2	1.3.b
einfache kombinatorische Aufgaben (z. B. Knobelaufgaben)	2.1	1.3.e
durch Probieren bzw. systematisches Vorgehen lösen	2.3	
	3.1	
	4.1	
	5.1	

Bearbeitungshilfen: Skizze; Stichwörter

Material: Jahreskalender; Aussagesätze

Anregungen:
- Die Kinder lesen die Aussagesätze.
- In Einzel- oder Partnerarbeit versuchen sie, mithilfe einer Skizze die vorgegebenen Fragen zu beantworten.
- Die Aussagen der einzelnen Sätze können nicht hintereinander verwertet werden.
- Die Kinder können die Aufgabe nur lösen, wenn sie einzelne verwertbare Aussagen zuerst an allen möglichen Plätzen notieren, um dann bei weiteren Aussagen einzelne Notizen zu streichen bzw. zu ergänzen und damit im Sinne eines Ausschlussverfahrens zur Lösung zu gelangen.
- Möglich ist es auch, dass die Kinder diese Aufgabe in Gruppenarbeit bearbeiten. Das hätte zur Konsequenz, dass die Kinder bei der Erstellung ihrer gemeinsamen Skizze diskutieren würden, welche Notizen an welchen Plätzen zu erfolgen haben.

Lösung: Der Klassenbeste heißt Leon; Tim trinkt Limonade.

Wer ist der Klassenbeste? (1)

Vier Schüler sitzen um einen runden Tisch.
Sie heißen: Tim, Leon, Georg und Michael.
Sie trinken Milch, Malzbier, Cola und Limonade.
In der Schule sind sie unterschiedlich gut.

Finde heraus, wie der Klassenbeste heißt und welcher Schüler Limonade trinkt.

- Leon trinkt kein Malzbier.
- Der drittbeste Schüler sitzt dem Besten gegenüber.
- Der beste Schüler trinkt Milch.
- Leon bestellt für sein Gegenüber Cola.
- Michael sitzt dem zweitbesten Schüler gegenüber.
- Der Malzbiertrinker ist älter als Tim.
- Zur Rechten des Colatrinkers sitzt der Schwächste der vier Schüler.
- Georg bedankt sich bei Leon für das Getränk.
- Tim sitzt Michael gegenüber.
- Tim mag kein Malzbier.

Wer ist der Klassenbeste? (2)

BEST OF ... Meine Lieblingshits auf einer CD-ROM

Ziele: Beschaffung von Daten; Schätzen von Zeiteinheiten	A 1.1 3.1	I 4.1.b 3.2.a

Bearbeitungshilfen: Tabelle

Material: CD-ROMs, Internetzugang

Anregungen:
- In einem Vorgespräch berichten die Kinder von ihren Erfahrungen mit Aufnahmen von CDs und ihren Lieblingshits.
- Sie klären mit den Kindern den Arbeitsauftrag.
- Anschließend besprechen Sie mit den Kindern die legalen Möglichkeiten zur Datenbeschaffung aus dem Internet.
- Es wird ein Zeitraum eingeräumt, der zur Beschaffung von Daten als notwendig erscheint (Hausaufgabe ...).
- Die gesammelten Liedmaterialien und Daten werden gesichtet und die gewünschte Reihenfolge festgelegt.
- Im Überschlagverfahren legen die Kinder auf der Grundlage einer Zeiteinschätzung die eventuelle Anzahl der Hits fest.
- Die Kinder stellen individuell oder in Kleingruppen ein Titelverzeichnis mit der jeweils ermittelten Laufzeit der Hits zusammen.
- In einem Reflexionsgespräch berichten die einzelnen Kinder über ihre Erfahrungen und Schwierigkeiten.

BEST OF ... Meine Lieblingshits auf einer CD-ROM

Du möchtest dir eine CD-ROM mit deinen Lieblingshits aufnehmen.
Die CD-ROM hat eine Laufzeit von 30 Minuten.

Nutze die Tabelle.

Titel	Laufzeit
1.	
2.	
3.	
4.	
5.	
6.	
7.	
8.	

Dreiundfünfzig Minuten

Ziele:	A	I
Lösungsstrategien entwickeln und nutzen sowie eigene Vorgehensweisen beschreiben; die Mathematik zum Philosophieren über Zeit entdecken und nutzen; Zeitspannen schätzen, messen und zusammenstellen	1.2 2.1	5.1.a 4.1.b

Bearbeitungshilfen: Tabelle

Material: Sachtext; Stoppuhr; Buch: Der kleine Prinz

Anregungen:
- Sie führen mit den Kindern ein Gespräch über Zeitempfinden, Einschätzen von Zeit, Zeit, die langsam vergeht, Zeit, die schnell vergeht.
- Es erfolgt eine literarische Zuordnung. Sie stellen das Buch vor und berichten über die Ideen des „Kleinen Prinzen".
- Die Kinder lesen den Text und die entsprechende Aufgabenstellung.
- Gemeinsam können nun Übungen zur Zeiteinschätzung durchgeführt werden. Fragen könnten sein: Was würdest du tun, wenn du dreiundfünfzig Minuten übrig hättest (Beginn einer Ideensammlung an der Tafel)?
- In Partnerarbeit werden Handlungsabläufe zeitlich eingeschätzt, mit der Stoppuhr überprüft und notiert.
- Die Kinder stellen ihren individuellen Zeitplan „Meine dreiundfünfzig Minuten" zusammen und stellen ihre Ergebnisse in der Klasse vor.

meine Aktion	geschätzte Zeit	so lange dauert es tatsächlich

Dreiundfünfzig Minuten

„Guten Tag", sagte der kleine Prinz.
„Guten Tag", sagte der Händler.
Er handelte mit höchst wirksamen, durststillenden Pillen. Man schluckt jede Woche eine und spürt überhaupt kein Bedürfnis mehr zu trinken.
„Warum verkaufst du das?", sagte der kleine Prinz.
„Das ist eine große Zeitersparnis", sagte der Händler.
„Die Sachverständigen haben Berechnungen angestellt. Man erspart dreiundfünfzig Minuten in der Woche."
„Und was macht man mit diesen dreiundfünfzig Minuten?"
„Man macht damit, was man will …"
„Wenn ich dreiundfünfzig Minuten übrig hätte", sagte der kleine Prinz, „würde ich …"

(Antoine de Saint-Exupéry: Der kleine Prinz)

Was würdest du tun, wenn du dreiundfünfzig Minuten übrig hättest?

1) Erstelle einen Zeitplan mit deinen fünf verschiedenen Aktionen.

2) Stellt euch gegenseitig eure Ideen vor.

Getränke-Rezept: Compudrink

Ziele:	A	I
Sachtexten und anderen Darstellungen der Lebenswirklichkeit die relevanten Informationen entnehmen; Sachaufgaben mit Größen lösen; in Sachsituationen angemessen mit Näherungswerten rechnen; grundlegende Größenvorstellungen im Bereich Hohlmaße aufbauen	4.1 4.2	1.3a 1.3c 3.2a 3.2c 4.1c 4.2a 4.2c 4.2d

Bearbeitungshilfen: Tabelle

Material: Arbeitsblatt (auf Folie ziehen); Messbecher, Trinkbecher, Zutaten aus dem Rezept

Anregungen:
- Im Idealfall sollte die Behandlung dieser Sachaufgabe in ein Ereignis aus dem Klassenleben (z. B. gesundes Frühstück) eingebunden und der „Compudrink" auch wirklich in der Klasse zubereitet werden.
- Als Einstieg wird ein Unterrichtsgespräch zum Thema „Kochen – Getränke mixen – Rezepte" angeregt. Es erfolgt der Hinweis: In der Kindersuchmaschine „Blinde Kuh" gibt es den Bereich „Rezepte", für den Kinder ihre eigenen Rezept-Vorschläge veröffentlichen.
- Das Rezept wird (ohne Arbeitsauftrag) auf dem OHP präsentiert; Impuls: In dem Rezept fehlt eine wichtige Angabe.
- Klärung: Wie viel ml passen in einen Becher (s. „Hinweis")?
- Die Kinder lösen Frage 2a. Falls das Ergebnis von 1250 : 200 bzw. __ · 200 = 1250 nicht ermittelt werden kann, hilft eine Tabelle, z. B.:

Becher	ml
1	200
2	400
3	600
6	1200

50 ml bleiben übrig; oder: Becher ganz voll machen!

- Zur Beantwortung von 2b gilt die Schlussfolgerung: Wenn das Getränk bei dem Verbrauch von 1 Becher für 6 Personen reicht, dann reicht es bei dem Verbrauch von 2 Bechern ... (Erkennen der umgekehrten Proportionalität).
- Die Beantwortung von Frage 3 bedarf sehr komplexer Denk- und Rechenvorgänge; die Anzahl der Kinder sollte wegen der besseren Berechenbarkeit auf eine Zahl aus der Sechserreihe gerundet werden (rechnen mit Näherungswerten). Auch bei dieser Aufgabe können die einzelnen Überlegungen gut in einer Tabelle dargestellt werden.

Getränk	Becher/ Personen	ml	Flaschen
Möhrensaft	6	200	
	24	800	1 (50 ml zu wenig) oder 2 (dann bleiben noch 700 ml übrig)
Apfelsaft	6	300	
	24	1200	1 (200 ml zu wenig); 2 (es bleiben noch 800 ml übrig)
Orangensaft	6	400	
	24	1600	1 (600 ml zu wenig); 2 (es bleiben noch 400 ml übrig)
Wasser	6	250	
	24	1000	1 1-l-Flasche

- Weitere Überlegungen können sein: Was passiert mit den Resten in den Flaschen? Es wird geklärt, warum das Mixgetränk „Compudrink" genannt wurde. Möhrensaft ist gut für die Augen! Bei „Blinde Kuh" nach weiteren Getränke-Rezepten suchen oder die Kinder bringen eigene Rezepte mit. Was lässt sich daran berechnen?
- Sicherung des Lernerfolgs:
  „Das Rezept von Compudrink" reicht für 6 Becher.
  Wie viel ml von den Zutaten brauchst du, wenn du dir nur 3 Becher zusammenmixen möchtest?"

Getränke-Rezept: Compudrink

Compudrink
Getränke-Rezept von Katy Müller
Zutaten:
200 ml Möhrensaft
300 ml Apfelsaft
400 ml Orangensaft
250 ml Wasser
Früchte aus der Dose

So geht's:
Alles ineinander schütten und schütteln, fertig!

1) Dieses Rezept von Katy findest du in der Kinder-Suchmaschine „Blinde Kuh" im Internet.
   Leider hat Katy vergessen anzugeben, für wie viele Personen dieses Rezept ist. Was vermutest du?

Wichtige Hinweise:
1. In einen Trinkbecher passen ungefähr 200 ml.
2. Wie viel Liter sind in einer Flasche oder Packung?
   Möhrensaft: 0,75 l
   Apfelsaft: 1 l
   Orangensaft: 1 l
   Wasser: 1 l oder 1,5 l

Das könnt ihr selbst ausrechnen:
2) Für wie viele Personen reichen die Zutaten,
   a) wenn jede Person einen Becher bekommt?
   b) wenn jede Person 2 Becher trinken möchte?

3) Habt ihr Lust, den Compudrink in eurer Klasse herzustellen?
   Wie viele Flaschen müsst ihr dann von den einzelnen Zutaten besorgen?

Beim Friseur: Ist das ein günstiges Angebot?

Ziele:	A	I
Sachtexten der Lebenswirklichkeit die relevanten Informationen entnehmen; Daten aus der Lebenswirklichkeit erheben; Sachaufgaben in verschiedenen Darstellungsweisen erschließen und selbstständig erarbeiten können; Größenangaben in unterschiedlichen Schreibweisen darstellen; Sachaufgaben mit Größen lösen; evtl. funktionale Beziehungen in Tabellen darstellen; mit Messgeräten sachgerecht messen	1.1 1.2 4.1 4.2	1.3.b 4.1.c

Bearbeitungshilfen: Tabelle

Material: Kopiervorlage (Folie); Zollstöcke

Anregungen:
- Sie erzählen von der Werbeaktion eines Friseurs, der sich etwas ganz Besonderes für Kinder einfallen lassen hat, und zeigen auf dem OHP die Abbildung des Handzettels (ohne Arbeitsauftrag).
- Kinder äußern sich spontan, erzählen vielleicht vom eigenen Friseurbesuch, wie oft sie zum Friseur gehen (wenn überhaupt), wie viel sie beim Friseur ausgeben etc.
- Sie fordern zur Klärung der Sachsituation die Kinder auf, noch einmal das Angebot („Wenn ihr ...") mit eigenen Worten wiederzugeben.
- Falls die Kinder nicht schon angefangen haben, sich von selbst mit dem Sachverhalt auseinanderzusetzen, nennen oder zeigen Sie den Arbeitsauftrag.
- Die Kinder äußern Vermutungen zum Angebot (günstig oder nicht günstig?) und entwickeln im Unterrichtsgespräch Handlungsschritte: eigene Körpergröße messen, Angebot berechnen, evtl. Preis beim eigenen Friseur erfragen, mit Angebotspreis vergleichen.
- Kinder messen immer zu dritt ihre Körpergröße. Dabei achten sie auf eine genaue Messtechnik (evtl. nennen lassen und schriftlich festhalten), z.B.: 1. Schuhe ausziehen, 2. ganz dicht und gerade mit dem Rücken gegen die Wand stellen, 3. zum Messen auf einen Stuhl steigen, 4. Lineal genau rechtwinklig zur Wand am Kopf anlegen (evtl. durch drittes Kind mit Geodreieck überprüfen lassen), 5. Länge markieren, 6. Zollstock genau senkrecht zum Boden anlegen.

- Die Kinder berechnen ihren „persönlichen" Preis für einen Haarschnitt. Bei Schwierigkeiten bzgl. des Ausrechnens erläutern Sie den Nutzen einer Schließtabelle (siehe Tipp).
- Als Hausarbeit erfragen die Kinder den Preis für einen Trockenhaarschnitt bei ihrem Friseur und vergleichen ihn mit dem Angebot. (Als Alternative kann auch gemeinsam im Internet recherchiert werden. Als Suchbegriffe „Kinder" „Friseur" „Preise" eingeben – Preise liegen für Kinder bis 12 Jahren bei ca. 10,50 € bis 14,50 €.)

Sicherung des Lernerfolgs:
Stefanie findet im Briefkasten den Handzettel eines Friseurs mit einem ganz besonderen Angebot: Kinder bis 12 Jahre zahlen für einen Haarschnitt mit Waschen und Föhnen pro cm eigener Körpergröße 0,10 Euro.
Bei ihrem eigenen Friseur zahlt Stefanie fürs Waschen 2,00 Euro, fürs Schneiden 10, 50 Euro und fürs Föhnen 3,00 Euro.
Stefanie überlegt, ob sich das Angebot bei ihrer Körpergröße von 1,42 m für sie lohnt.

Beim Friseur: Ist das ein günstiges Angebot?

Wir machen euch jetzt ein Angebot, das ihr nicht ablehnen könnt.
Bei uns wird Haare schneiden zum Spaß für Kinder.
Wenn ihr nicht größer als 140 cm seid, dann zahlt ihr für euren Haarschnitt nur 0,08 Euro je cm Körpergröße.
Wir freuen und auf euren Besuch!

KLEINE PREISE FÜR KLEINE LEUTE!

Finde heraus: Ist das ein günstiges Angebot?

Tipp: Eine Tabelle kann euch beim Ausrechnen helfen.

1 cm	8 ct
10 cm	80 ct
100 cm	800 ct
110 cm	880 ct
120 cm	960 ct

Elefanten – „Sympathische Dickhäuter"

Ziele: Sachaufgaben lösen und dabei die Beziehungen zwischen der Sache und den einzelnen Lösungsschritten beschreiben; eigene Vorgehensweisen beschreiben, Lösungswege anderer verstehen und gemeinsam darüber reflektieren; Zusammenhänge erkennen und auf ähnliche Sachverhalte übertragen; für das Bearbeiten mathematischer Probleme geeignete Darstellungen entwickeln, auswählen und nutzen	A 1.1 1.3 2.1 2.3 4.2 4.3 5.1	I 1.3.a 3.2.a 4.2.d 5.1.a

Bearbeitungshilfen: Markieren

Material: Steckbrief, evtl. zusätzliche Informationsmaterialien

Anregungen:
- Als Einstieg kann eine Sammlung von Sachinformationen zum Thema „Elefanten" genutzt werden. Parallel könnte dieses Thema auch im Sach- oder Kunstunterricht behandelt werden.
- Gemeinsam wird mit den Kindern der Steckbrief gelesen und bei Bedarf erläutert. Wichtige Informationen werden markiert.
- Die Sachfragen werden in Kleingruppen bearbeitet.
- Die Kinder tauschen die Ergebnisse untereinander aus und reflektieren über die gefundenen Lösungen.
- Die Kinder können weitere Sachfragen erfinden, aufschreiben, bearbeiten und austauschen.
- Möglichkeiten der Zusammenschau der Informationen können von den Kindern gefunden werden (z. B. in Form einer Wandzeitung, eines Museumsganges oder eines Steckbriefbuches).
- Zusätzlich besteht die Möglichkeit, Informationen zu anderen Tierarten zusammenzustellen oder entsprechend andere Steckbriefe zu erstellen.

Elefanten – „Sympathische Dickhäuter"

Steckbrief
Größe: über vier Meter
Geburtsgewicht: etwa 100 Kilogramm
Gewicht: etwa 7 000 Kilogramm
Nahrungsbedarf: bis zu 200 Kilogramm Grünfutter am Tag
Dauer der Nahrungsaufnahme: 18 bis 20 Stunden
Wasserbedarf: 120 Liter Wasser am Tag
Aufnahme in einem Rüsselzug: 15 Liter

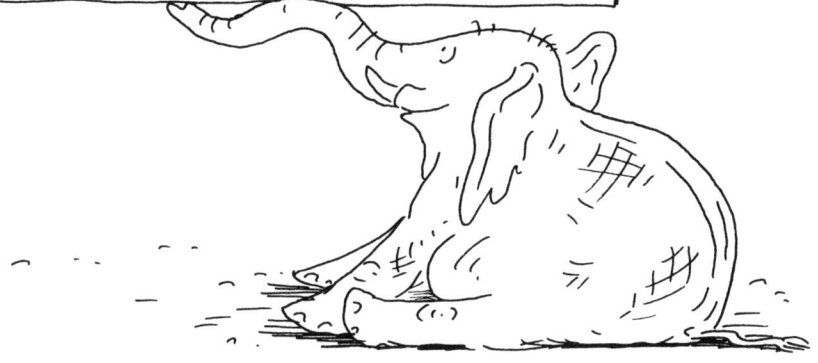

Entscheidet euch gemeinsam für eine oder mehrere Fragen oder überlegt euch eigene Fragen.

1) Wie viele Rüssel-Züge haben 14 Elefanten genommen, wenn sie insgesamt 1 680 Liter Wasser getrunken haben?

2) Wie viele Eimer Wasser (10-Liter-Eimer/5-Liter-Eimer) braucht ein Wärter, um 7 Elefanten für 12 Stunden mit Wasser zu versorgen?

3) Wie viel Grünfutter muss der Tierpfleger für eine Elefantenherde von 20 Elefanten in einem Monat besorgen?

4) Der Tierpfleger fährt das Grünfutter täglich mit einer Schubkarre ins Elefantengehege. Er transportiert jeweils 25 kg in einer Fuhre.
Wie oft muss er an einem Tag fahren, um 7 Elefanten zu versorgen?

Bundesliga

Ziele: Sachaufgaben lösen und dabei die Beziehungen zwischen der Sache und den einzelnen Lösungsschritten beschreiben; aus Tabellen Informationen entnehmen; eigene Vorgehensweisen beschreiben, Lösungswege anderer verstehen und gemeinsam darüber reflektieren	A 1.1 2.1 4.1 4.2	I 1.3.a 5.1.b

Bearbeitungshilfen: Tabelle

Material: Tabelle; vorgegebene Aufgabe; aktuelle Bundesligatabellen

Anregungen:
- Im Gespräch kann ein aktuelles Fußballspiel oder Turnier als Einstieg in die Thematik aufgegriffen werden.
- Die Bundesligatabelle kann als Impuls genutzt werden, um das Vorwissen der Kinder zu integrieren.
- Die Sachaufgabe wird von den Kindern gelesen.
- Eventuelle Verständnisfragen können im Plenum geklärt werden.
- In Einzel- oder Partnerarbeit versuchen sich die Kinder an der Lösung der Sachfragen.
- Gemeinsam werden die Ergebnisse ausgetauscht und über die gefundenen Lösungen reflektiert.
- Die Kinder können weitere Aufgaben erfinden, aufschreiben, bearbeiten und austauschen.
- Sie können nach ähnlichen Informationsquellen suchen und auch andere Tabellen nutzen.

Bundesliga

Platz Verein	Spiele	S	U	N	Tore	Punkte
1 FC Bayern München	27	20	5	2	54:20	
2 Hamburger SV	27	17	5	5	43:22	
3 Werder Bremen	27	16	5	6	61:32	
4 FC Schalke 04	27	14	10	3	39:23	
5 Hertha BSC Berlin	27	9	10	8	40:37	37
6 Borussia Dortmund	27	9	10	8	35:32	
7 VfB Stuttgart	27	7	15	5	28:25	
8 Bayer 04 Leverkusen	27	9	8	10	44:41	
9 Hannover 96	27	7	13	7	35:36	
10 Borussia M'gladbach	27	8	10	9	31:36	
11 1. FC Nürnberg	27	8	7	12	33:41	
12 DSC Arminia Bielefeld	27	8	7	12	27:35	
13 Eintracht Frankfurt	27	8	6	13	37:44	
14 1. FSV Mainz 05	27	7	7	13	40:42	28
15 VfL Wolfsburg	27	6	10	11	27:43	
16 1. FC Kaiserslautern	27	7	6	14	38:56	
17 MSV Duisburg	27	4	9	14	26:51	
18 1. FC Köln	27	4	7	16	36:58	

© 2006 DFL Deutsche Fußball Liga GmbH

Niederlage: 0 Punkte/Unentschieden: 1 Punkt/Sieg: 3 Punkte

1) Wie groß ist die Punktedifferenz zwischen Schalke 04 und dem MSV Duisburg?

2) In der Saison gibt es noch 7 Spiele. Kann der 1. FC Köln den FC Bayern München noch überholen?

3) Kann Schalke 04 in 7 Spielen FC Bayern München überholen?

4) Welche Vereine begeistern euch?

5) Vergleicht eure Favoriten untereinander.

Happy Birthday

Ziele:	A	I
Sachaufgaben lösen und dabei die Beziehungen zwischen der Sache und den einzelnen Lösungsschritten beschreiben; Lösungsstrategien entwickeln; eigene Vorgehensweisen beschreiben, Lösungswege anderer verstehen und gemeinsam darüber reflektieren; Darstellungen der Lebenswirklichkeit Daten entnehmen;	1.1 1.2 2.1 4.1 4.2	1.3.a 4.1.a 4.2.d

Bearbeitungshilfen: Tabelle

Material: Geburtstagsanzeigen; vorgegebene Aufgabe; evtl. Geburtstagskalender der Klasse

Anregungen:
- Das Alter eines Kindes in Tagen kann als Impuls an die Tafel geschrieben werden, z. B.: 3 294 Tage auf der Welt! Wer bin ich? Es bietet sich an, diese Aufgabe am Geburtstag eines Kindes durchzuführen.
- Die Sachaufgabe wird gelesen und von den Kindern in Einzel- oder Partnerarbeit gelöst.
- Als Hilfestellung kann eine Tabelle mit der Anzahl der Tage pro Jahr ausgelegt werden (ein Jahr = 365 Tage, 2 Jahre = …). Schaltjahre können dabei unberücksichtigt bleiben oder als Differenzierung mit einbezogen werden.
- Gemeinsam werden die Ergebnisse ausgetauscht und über die gefundenen Lösungen reflektiert.
- Die Kinder können weitere Aufgaben oder Geburtstagsanzeigen erfinden, aufschreiben, bearbeiten und austauschen.

Happy Birthday

1) Wie alt wird Claas?

2) Wie viele Tage bist du schon auf der Welt?

3) Wie alt bist du, wenn du 16 425 Tage gelebt hast?

4) Wie viele Lebenstage liegen zwischen dem 9. und dem 15. Lebensjahr?

5) Und jetzt ganz genau: Wie viele Minuten bist du schon auf der Welt?

Großvaters Frühstück

Ziele:	A	I
Lösungsstrategien entwickeln;	1.2	1.3.a
eigene Lösungswege beschreiben, Lösungswege anderer verstehen und gemeinsam darüber reflektieren;	2.1	4.1.a

Bearbeitungshilfen: Skizze

Material: Sanduhren; vorgegebene Aufgabenstellung

Anregungen:
- Als Impuls können zwei Sanduhren mit unterschiedlicher Durchlaufzeit dienen.
- In einem Gespräch wird die Funktion einer Sanduhr erläutert.
- Die Kinder lesen den Sachtext. Mögliche Verständnisprobleme werden geklärt.
- Die Notation des Lösungsweges kann als Bedingung hinzugefügt werden.
- In Einzel- oder Partnerarbeit versuchen die Kinder die Sachaufgabe zu lösen.
- Teil- und Zwischenreflexionen können angeboten werden, in denen die Kinder Tipps zur Lösung der Aufgabe erhalten.
  - Möglicher Tipp:
    Die Sanduhr kann auch vor Beginn der Kochphase bereits laufen!
- Gemeinsam wird über die Vorgehensweise und die Lösungen reflektiert.

Lösung: Beide Uhren werden gleichzeitig umgedreht. Nach 7 Minuten ist die kleine Sanduhr abgelaufen und es werden die Eier in das Wasser gelegt. Die Restzeit der großen Sanduhr beträgt 4 Minuten. Dann wird die große Sanduhr erneut umgedreht.

Großvaters Frühstück

Großvaters Frühstückseier müssen genau fünfzehn Minuten gekocht werden, keinen Augenblick länger oder kürzer. Eines Tages bittet er dich, ihm das Frühstück zu bereiten, doch die einzigen Uhren im Haus sind zwei Sanduhren. Bei der größeren Sanduhr dauert es elf Minuten, bis der Sand durchgelaufen ist, bei der kleineren Sanduhr sieben Minuten.

Was tust du?

6 Vom Fragenfinden zu Fermi-Fragen

Mit dem Ziel, Kinder zum Entdecken, Erforschen und zum sinnvollen Fragenfinden zu motivieren und ihnen dabei Unterstützung zu bieten, eignen sich aussagekräftige Darstellungen als Impuls.

Mit Ihrer Unterstützung können die Kinder Fragen formulieren, notieren und auf ihre Ausrechenbarkeit und Plausibilität überprüfen. Gleichzeitig kann sich die inhaltliche Komponente den Kindern erschließen und die Chance eröffnen, Sachsituationen im Sinnzusammenhang zu verstehen.

Begleitend erlernen die Kinder Hilfen zur Formulierung mathematischer Fragen.

Beispiel 1:

- Wie groß ist eine Palette mit Toilettenpapier?
- Wie schwer ist sie?
- Wie viele einzelne Pakete sind auf der Palette?
- Wie viele einzelne Rollen sind auf der Palette?
- Wie lange käme man mit der Palette aus, wenn man jeden dritten Tag eine Rolle verbrauchen würde?
- Wie schwer ist so eine Palette?
- Was würde eine ganze Palette Toilettenpapier kosten?
- Wie lang wäre eine Rolle Toilettenpapier ausgerollt?
- Welche Länge könnte man mit einem ganzen Paket erreichen?

Beispiel 2:

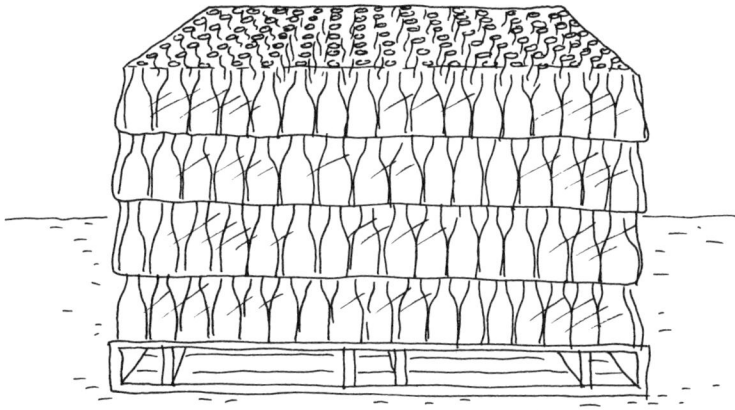

- Welche Formen haben die Sechserpacks?
- Wie viele Sechserpacks sind auf der ganzen Palette?
- Wie hoch ist der ganze Stapel?
- Wie tief ist der ganze Stapel?
- Wie teuer ist ein Sechserpack?
- Wie teuer ist die ganze Palette?
- Wie viele Flaschen sind in den einzelnen Sechserpacks?
- Wie viele Flaschen sind in jeder Lage der Palette?
- Wie viele Liter sind in der ganzen Palette?
- Wie schwer ist ein Sechserpack?
- Wie schwer ist eine Lage?
- Wie schwer sind alle Sechserpacks auf der Palette?
- Wie lange kann man von einem Sechserpack jeden Tag ein Glas trinken?

Fermi-Fragen sind benannt nach dem Kernphysiker und Nobelpreisträger ENRICO FERMI (1901–1954).

Seine Studenten sollten mit etwas Mathematik und einem gesunden Alltagswissen Zahlen, Größen und Größenordnungen überschlagen. Diese besonderen, kurz formulierten Fragen erfordern Schätzungen und Vorgehensweisen, in denen die Schüler flexibel ihr Wissen in sehr offenen Problemsituationen einbringen können.

Spannend an diesen Aufgaben ist es, dass es nicht nur die eine Lösung geben kann, sodass die Kinder ihre Lösung plausibel begründen und Vorgehensweisen erklären müssen.

Hierbei werden die Kompetenzen des Erforschens, des Überschlagens, des Aufstellens begründeter Annahmen, des Arbeitens mit großen Zahlen, des Umrechnens von Größen des Nutzens von Alltagswissen, des Argumentierens, des Kommunizierens, der Selbstständigkeit und das Anwenden der heuristischen Strategien besonders gefördert.

Die besondere Zielsetzung der Auseinandersetzung mit Fermi-Fragen besteht wohl darin, die Haltung der Kinder zu fördern, sich einem, auf den ersten Anschein schier unlösbaren Problem zu stellen und sich gemeinsam auf den Weg zu machen.

Nicht zuletzt können solche Fermi-Fragen nur als Herausforderung an eine Klasse (und an die Lehrerin/den Lehrer) gestellt werden, die es gewohnt ist, im Mathematikunterricht offen, selbstständig, forschend, probierend und kommunikativ zu arbeiten.

Gerade weil die Fragestellung sehr offen ist, und Offenheit Struktur erfordert, bedarf es von Ihnen im Vorfeld eine wohlüberlegte Vorbereitung, die von folgenden Fragen geleitet sein könnte:
- Welche Begriffe/Sachinhalte muss ich mit den Kindern im Vorfeld klären?
- Welche Literatur/welches Material stelle ich zur Verfügung?
- Welche Ideen könnten die Kinder haben? Was brauchen sie dafür?
- Welche Gruppengröße ist in meiner Klasse sinnvoll?
- Welche Räume/Orte müssen die Kinder zur Lösungsfindung nutzen?
- Wie helfe ich den Kindern weiter, die zu keiner Idee finden?

Fermi-Fragen sind beispielsweise:
- Wie viel Benzin braucht das Lehrerkollegium deiner Schule im Jahr?
- Wie viele Reiskörner passen in einen Schuhkarton?
- Wie viele Buchstaben „a" stehen in deinem Lesebuch?
- Wie viele Luftballons passen in den Klassenraum?
- Wie viele Nadeln hat ein Weihnachtsbaum?

Vom Fragenfinden zu Fermi-Fragen

- Wie viele Stunden schläfst du im Jahr?
- Wie viele Tropfen Milch sind in einer Milchtüte?
- Wie viele Legosteine brauchst du, um euere Sporthalle auszulegen?
- Wie viele Schulen gibt es in Deutschland?
- Wie viel Schritte sind es von Berlin bis Köln?
- Wie viele Packungen Spaghetti isst deine Familie im Jahr?
- Wie viele Mathematiklehrer wohnen in Berlin?
- Wie viele Tage wird mein Leben kürzer, wenn ich die Zeit, die ich vor dem Fernseher verbringe, abziehe?
- Wie viele Menschen sind in einem 6 km langen Stau?
- Wie viele Bücher kann ich in meinem Leben lesen?
- Wie viele Tropfen füllen eine Kaffeetasse?
- Wie viele Bäume stehen in unserer Stadt?
- Wie lange brauche ich, um die Welt einmal zu Fuß zu umwandern?
- Wie viele Kinder wiegen genauso viel wie ein Elefant?
- Wie viele Maiskörner sind in 10 Maiskolben enthalten?

Zur strategischen Vorgehensweise können folgende Aspekte im Bearbeitungsprozess unterstützend wirken:
- Welche Größen/Zahlen werden gesucht?
- Welche Daten haben mit dem Problem zu tun?
- Was kann ich schon berechnen (vorwärts denken)?
- Was muss ich noch in Erfahrung bringen (rückwärts denken)?
- Welche Wert kann ich schätzen?
- Ist das Ergebnis sinnvoll und nachvollziehbar?

Beispiel:
- Wie viele Leute sitzen in einem 6 km langen Stau?
- Wie lang ist eigentlich ein Auto, ein LKW, ein Bus, ein Motorrad, ein Wohnwagen ...?
- Wie viele Personen sitzen in ...?
- Wie groß ist ungefähr der Abstand zwischen den Fahrzeugen?
- Schätzen/Addition der aneinandergereihten Fahrzeuge ...

Besonders interessant ist es, die Kinder selbst Fermi-Fragen erfinden zu lassen, zum Beispiel in einem Erfinderwettbewerb für Fermi-Fragen.

7 Projekte im Sachrechenunterricht

- verschiedene Samen/Samentütchen, Pflanzgefäße, Erde besorgen
- „Forschertagebuch" zum Wachstum anlegen
- Schaubilder/Tabellen/Diagramme zum Wachstum erstellen

Projekt Klasse 1/2: Kann man Pflanzen wachsen sehen?

- beobachten, vergleichen und messen des Pflanzenwachstums
- mit Vergleichsgrößen (z. B. Papierstreifen) messen
- sich über Pflanzen/Wachstum informieren (Lexika/Internet)
- Schätzübungen zu Pflanzen/Bäumen in der Umwelt durchführen
- Messgeräte erproben und einsetzen
- „Pflanz-Kalender" erstellen mithilfe der Angaben auf den Samentüten

Kann man Gras wachsen sehen?

Besorgt euch Samen verschiedener schnell wachsender Pflanzen.
Gut eignen sich zum Beispiel Kresse, Grassamen oder auch Feuerbohnen.
Ihr könnt euch aber auch in einer Gärtnerei, im Internet oder anderswo informieren und andere Pflanzen auswählen. Wichtig ist dabei, dass die Pflanzen schnell wachsen!
Sät die Samen in kleine Töpfe oder Schalen und beobachtet das Wachstum der Pflanzen.

Tipps:
- Legt ein Forscher-Tagebuch an.
- Was könnt ihr beobachten, vergleichen, messen oder berechnen?
- Wie könnt ihr die Ergebnisse in Schaubildern, Tabellen oder Diagrammen darstellen?

Projekt Klasse 1/2:
Spielefest
Ziel: Die Kinder nutzen mathematische Mittel, um Daten über Spiele zu erfassen und auszuwerten. Zahlenkenntnisse werden gefestigt, Ergebnisse geordnet und verglichen. In gleichem Maße wird an das Anfertigen und Einschätzen eines Zeitrahmens herangeführt.

Ideensammlung (Cluster)

Material zusammenstellen/ Materiallisten erstellen

Organisationsrahmen erstellen:
1. Vorbereitung der Spiele, 2. Durchführung der Spiele,
3. Auswertung der Ergebnisse, 4. Siegerehrung

Fahrradreifen-Weitwurf	Zielwerfen
Auf die Tücher fertig los!	Frisbee-Zielwerfen
Slalomdribbeln	Froschhüpfen
Wasserballons	Dosengolf
Fliegende Säckchen	Müllschlucker

KV Projekt Klasse 1/2

Spielbeschreibungen

Benötigte Materialien:
Laufkarten zum Abstempeln, Stempel, Geräte für die Spiele
(siehe Spielbeschreibungen)

Fahrradreifen-Weitwurf

Benötigte Geräte:
Fahrradreifen (Mäntel),
Zielfeldmarkierungen mit Punktzahlen, Stoppuhr

Spielbeschreibung
Jedes Kind wirft einen Reifen von der Abwurflinie in die Zielfelder.
Je nachdem, wo der Reifen landet, erhält es Punkte.
Jedes Kind läuft dann zu seinem Reifen und holt ihn zurück.
In dem Moment, wenn er das Zielfeld verlassen hat, darf das nächste Kind werfen.
Die Gruppe soll in möglichst kurzer Zeit versuchen, 25 Punkte zusammenzuwerfen.
Hat sie es geschafft, erhält sie einen Stempel!

Auf die Tücher fertig los!

Benötigte Geräte:
Handtücher, Bälle

Spielbeschreibung:
Zwei Kinder stehen sich mit einem Handtuch in der Hand gegenüber. Ihre Aufgabe ist es, einen Ball mithilfe des Tuches hochzuwerfen. Schafft die Gruppe es, den Ball 5-mal hochzuspielen, ohne dass der Ball den Boden berührt, erhält sie einen Stempel!

Slalomdribbeln

Benötigte Geräte:
Hütchen (aufgestellt in Reihe), Fußbälle, Basketbälle, Stoppuhr

Spielbeschreibung:
Mit dem Startzeichen beginnt ein Kind mit einem Fußball (Fußdribbling) oder Basketball (Handdribbling), um die Hütchen herumzudribbeln. Am Ende der Reihe nimmt es den Ball in die Hand und läuft zurück. Das nächste Kind startet, wenn der Vordermann den Ball weitergegeben hat. Die Gruppe hat 2 Minuten Zeit.
Schafft sie mehr als 6 Strecken (hin und zurück), so erhält sie einen Stempel!

Wasserballons

Benötigte Geräte:
mit Wasser gefüllte Luftballons, Fahrradreifen (Mäntel) zur Markierung

Spielbeschreibung:
Die Partner stellen sich gegenüber auf und versuchen, sich den Ballon zuzuwerfen, natürlich ohne, dass er kaputt geht.
Schaffen sie es, sich den Ball 15-mal (laut mitzählen) zuzuwerfen, erhalten sie einen Stempel!

Fliegende Säckchen

Benötigte Geräte:
Markierungen, Bohnensäckchen, Dosen zum Fangen

Spielbeschreibung:
Von einer Linie aus wirft ein Partner das Bohnensäckchen, der andere Partner gegenüber versucht, dieses mit der Dose zu fangen. Die Abwurflinie darf der Partner selbst wählen. Nach Erreichen der Punktzahl 10 (Treffer = 1 Punkt) wechseln die Partner.
Schaffen sie insgesamt 30 Punkte, erhalten sie einen Stempel!

Zielwerfen

Benötigte Geräte:
Markierungen, verschiedene Wurfgegenstände

Spielbeschreibung:
Von einer Linie aus wirft die Gruppe nacheinander und versucht, mit möglichst gezielten Würfen in Markierungen eine vorgegebene Punktzahl (35/40) zu erreichen.
Ist die Punktzahl erreicht, erhalten sie einen Stempel!

Frisbee-Zielwerfen

Benötigte Geräte:
Frisbeescheiben, Markierungen

Spielbeschreibung:
Die Frisbeescheibe soll in die Zielflächen geworfen werden. Die Punkte werden addiert.
Hat die Gruppe 30 Punkte erreicht, erhält sie einen Stempel!

Froschhüpfen

Benötigte Geräte:
4 „Frösche", Fahrradreifen, Reifen als Teich

Spielbeschreibung:
Mehrere Fahrradreifen hintereinander ergeben einen Weg. Am Ende des Weges ist der Teich, in den der Frosch hineingelegt werden soll. Der erste der Gruppe hüpft seinen Weg, legt den Frosch in den Teich und hüpft weiter. Dann startet der Zweite.
Sind alle 4 Frösche im Teich, werden sie von der Spielleitung zurückgeholt. Die Kinder erhalten einen Stempel!

Dosengolf

Benötigte Geräte:
2 Hockeyschläger, 2 Getränkedosen, 2 Reifen, Markierungen

Spielbeschreibung:
Eine leere Getränkedose soll mit einem Hockeyschläger in ein markiertes Feld/Ziel-(Reifen) geschlagen werden.
Der erste Partner schlägt die Dose in Richtung Ziel und übergibt den Schläger seinem Partner, dieser schlägt die Dose … bis die Dose im Ziel ist.
Schafft die Gruppe es, in einer Minute „einzuputten",
erhält sie einen Stempel!

Müllschlucker

Benötigte Geräte:
100 Bierdeckel, Mülleimer, langes Seil

Spielbeschreibung:
In einem Kreis (Durchmesser ca. 3 m) steht ein Mülleimer. Jeder Spieler hat 25 Bierdeckel und soll versuchen, sie in den Mülleimer zu werfen. Bierdeckel, die neben und im Kreis auf dem Boden landen, dürfen wieder aufgehoben werden, es darf aber beim erneuten Wurf nie die Kreislinie übertreten werden.
Schafft es die Gruppe in ca. 2 Minuten 40 und mehr Bierdeckel in den Müll zu befördern? Die Gruppe erhält einen Stempel!

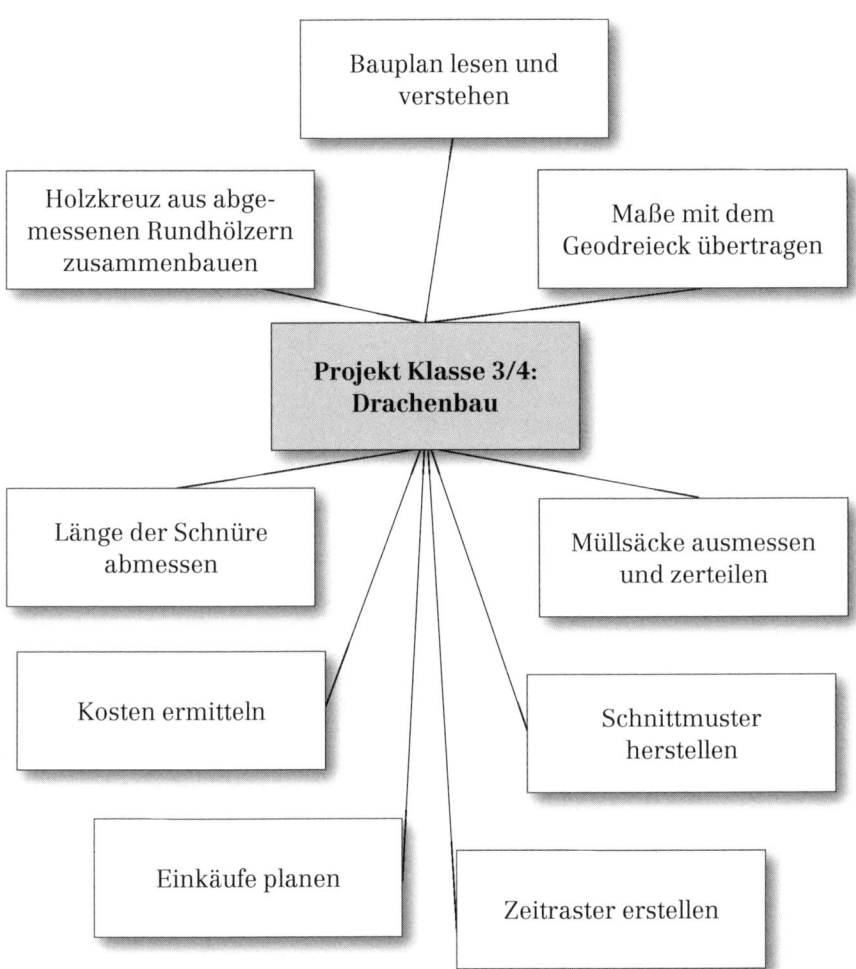

Drachenbau (1)

1) Übertrage die Maße mit Lineal und Filzstift auf ein Stück Pappe und schneide das Schnittmuster aus!

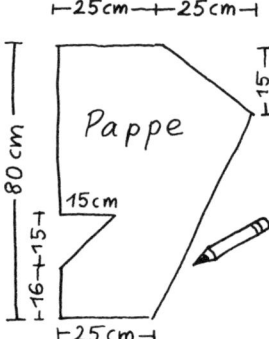

2) Schneide den Boden des Müllsacks ab.

3) Lege das Schnittmuster auf den Müllsack.

4) Schneide den Müllsack entlang der Linie aus.

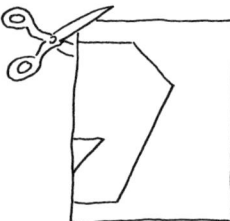

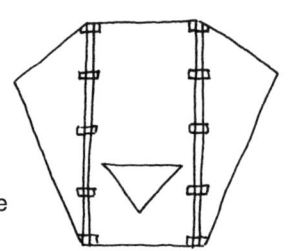

5) Falte die Drachenform auseinander. Befestige die beiden Holzstäbe mit Klebestreifen auf der Folie.

Drachenbau (2)

6) Verstärke dann die Flügelecken und den Drachenmund mit dem Klebeband. So kann später nichts ausreißen. Schneide Augen und Nase aus Buntpapier aus und gestalte bzw. klebe ein Gesicht.

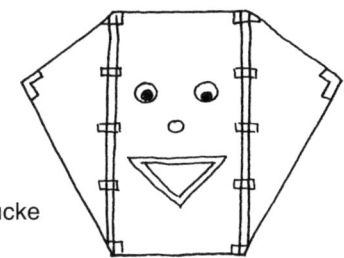

7) Schneide von der Drachenschnur zwei Stücke ab, die jeweils 2 m lang sind.

8) Verknote die Enden der beiden Schnüre miteinander. Die Fäden müssen genau gleich lang sein.

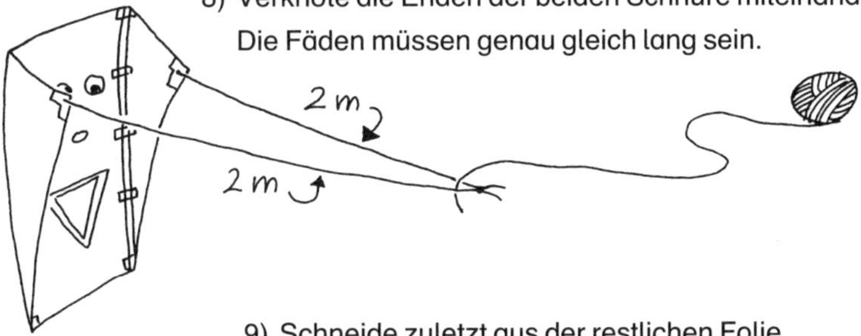

9) Schneide zuletzt aus der restlichen Folie für den Schwanz Streifen. Klebe die Schwanzfäden an den Drachen.

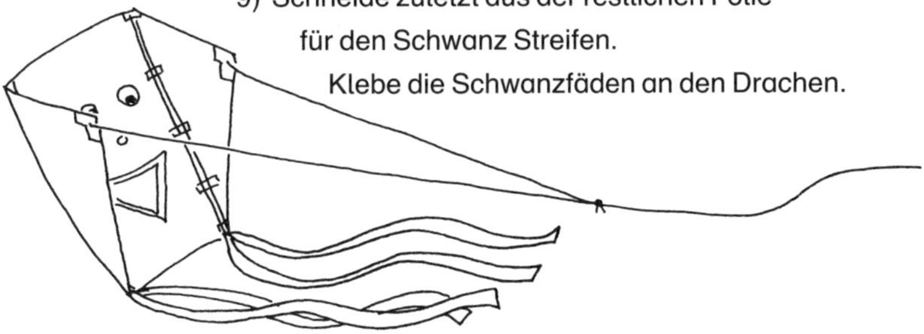

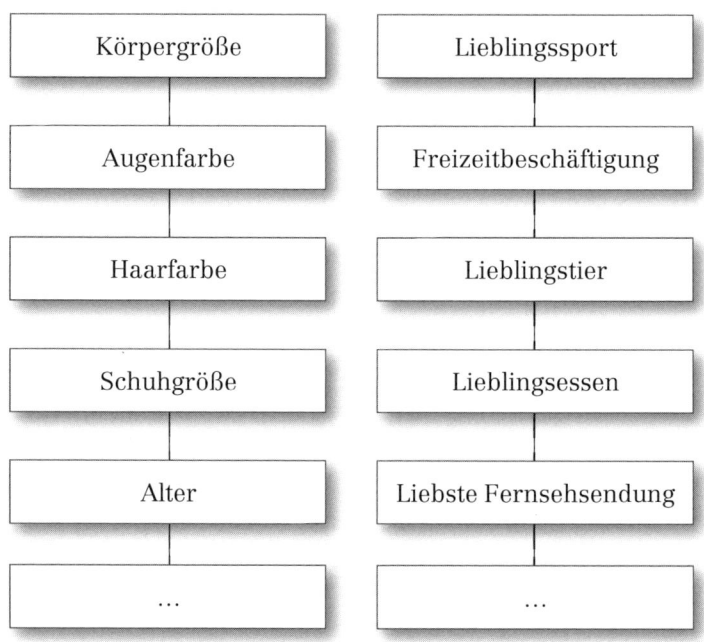

Unsere Klasse in Zahlen

Beispiel eines Datenblattes:

Jungen	Körpergröße	Augenfarbe	Haarfarbe	Schuhgröße	Alter

Mädchen	Körpergröße	Augenfarbe	Haarfarbe	Schuhgröße	Alter

Jungen	Sport	Freizeit	Tier	Essen	TV

Beispiel eines Diagramms:

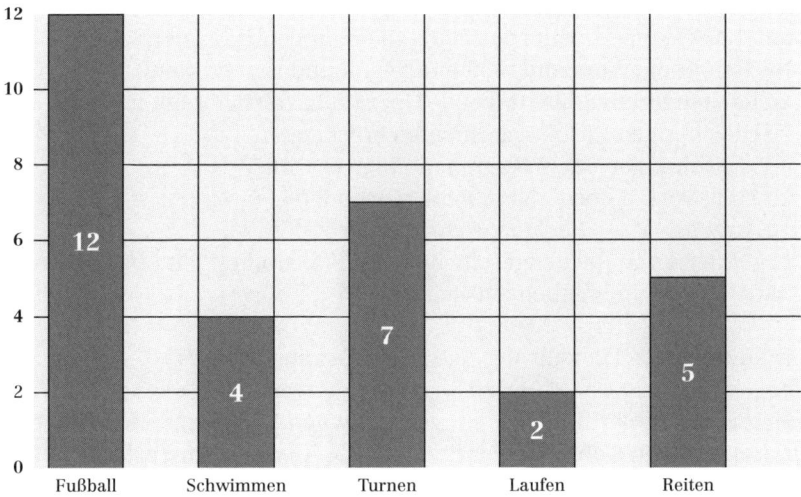

8 Sachaufgabenwerkstatt – Teilkompetenzen üben

Neben dem gezielten Aufbau eines Repertoires von Bearbeitungshilfen für das Lösen von Sachaufgaben (s. Kapitel 1, S. 21 ff.) können weitere spezifische Übungen dazu beitragen, Sachrechenkompetenzen zu fördern.

Bei diesen Übungen erfolgt eine Fokussierung auf einzelne Anforderungen, die bei der Bearbeitung von Sachaufgaben zum Tragen kommen.

Sie beziehen sich auf
- die Erschließung der Sachsituation (Textverständnis)
- das Modellieren
- die Überprüfung des Ergebnisses (Plausibilitätsprüfung)

Es gibt verschiedenste Aufgabentypen, mit denen sachrechnerische Teilkompetenzen gefördert werden können. Folgende Anregungen sind in diesem Kapitel zusammengestellt:
- Rechengeschichten aus einzelnen Teilen zusammensetzen
- zu einer Rechengeschichte die passende Frage auswählen
- einer Rechengeschichte passende Gleichungen zuordnen
- Rechengeschichten und Gleichungen einander zuordnen
- zu Rechengeschichten passende Operationszeichen finden
- zu Gleichungen Rechengeschichten erschließen
- aus Gleichungen Sachzusammenhänge erschließen
- zu Stichworten Rechengeschichten erfinden
- zu Antwortsätzen Rechengeschichten erfinden
- Ergebnisse von Rechengeschichten auf Plausibilität hin überprüfen
- Zahlen in Sachaufgaben einsetzen

Gerade auch die Umkehrung des Modellierungsprozesses – z.B. zu Gleichungen Rechengeschichten zu formulieren – vermag den Blick der Schülerinnen und Schüler für Beziehungen zwischen Sache und Mathematik zu schärfen und ein Gefühl für mathematische Aussagen in Sachaufgaben zu entwickeln.

Die einzelnen Beispiele sind als Anregungen für die Entwicklung ähnlicher Aufgaben zu verstehen, um mit derartigen Lernangeboten die vielfältigen sachrechnerischen Anforderungen kontinuierlich zu üben bzw. einzelne ausgewählte Fähigkeiten und Fertigkeiten gezielt bei einzelnen Kindern zu fördern.

Rechengeschichten zusammensetzen

Jede Rechengeschichte hat drei Teile.
Finde die Teile, die zusammengehören.
Ordne die passende Rechenaufgabe zu.

Für die Feier pustet Max 5 Luftballons auf.	In der Pause spielt er gegen Ali. Leider verliert er 6 Murmeln.	Nun hat Leo 10 Rennautos.
Leo sammelt kleine Rennautos. Er hat schon 7 Stück.	An einem anderen Stand kauft sie sich noch ein Buch. Das Buch kostet auch 5 Euro.	Nun hat Murat nur noch 3 Murmeln.
Irina kauft auf dem Flohmarkt zuerst ein Spiel für 5 Euro.	Nach einer kleinen Pause pustet er noch 4 Luftballons auf.	Irina hat auf dem Flohmarkt insgesamt 10 Euro ausgegeben.
Murat bringt 9 Murmeln mit in die Schule.	Zum Geburtstag bekommt Leo von seiner Tante noch 3 Autos geschenkt.	Nun hat Max schon 9 Luftballons aufgeblasen.

| 9 − 6 = 3 | 7 + 3 = 10 | 5 + 4 = 9 | 5 + 5 = 10 |

KV Sachaufgabenwerkstatt: 3. Schuljahr

Rechengeschichten zusammensetzen (1)

Was gehört zusammen?

Ordne die passenden Rechengeschichten, Fragen und Antworten einander zu.
Trage die Lösungen in die Antwortsätze ein.

Jan sieht im Schaufenster eines Fahrradgeschäfts ein Fahrad, das ihm gut gefällt. Am Lenker hängt ein Schild:

„Neuer Preis: 176 Euro.
Gespart: 35 Euro!"

Jan darf sich zum Geburtstag ein Fahrrad aussuchen.
Ihm gefallen zwei Fahrräder besonders gut.
Das grüne Rad kostet 245 Euro, das blaue kostet 198 Euro.
Jans Vater meint: „Wenn du dich für das billigere Fahrrad entscheidest, darfst du dir für den Preisunterschied noch ein Paar Inliner aussuchen.

Jan kommt auf dem Weg zur Schule immer an einem Fahrradgeschäft vorbei.
Jedes Mal bewundert er das blaue Fahrrad zu 198 Euro.
Eines Tages ist der Preis durchgestrichen.
Darunter steht: „Neuer Preis: 165 Euro."

Jan darf sich zum Geburtstag ein Fahrrad und Inliner aussuchen.
Beide Teile zusammen dürfen allerdings nicht mehr als 250 Euro kosten.
Im Katalog sieht Jan Inliner, die ihm gut gefallen. Sie kosten allerdings 87 Euro.

Rechengeschichten zusammensetzen (2)

Um wie viel ist der Preis für das Fahrrad herabgesetzt worden?
Was meinst du: Ist das ein gutes Angebot?

Wie teuer war das Fahrrad vorher?

Wie viel darf das Fahrrad nun höchstens noch kosten?

Wie hoch ist der Preisunterschied zwischen den beiden Fahrrädern?
Was meinst du: Bekommt man dafür noch Inliner?

Das Fahrrad darf höchstens noch _____ Euro kosten.

Das Fahrrad kostete vorher _____ Euro.

Der Preis für das Fahrrad ist um _____ Euro herabgesetzt worden.
Ich meine:

_____
_____
_____

Der Preisunterschied zwischen den beiden Fahrrädern beträgt _____ Euro.
Ich meine:

_____
_____
_____

Zu einer Rechengeschichte die passende Frage auswählen (1)

Simon geht mit seinem Freund Leo und mit Leos Vater in den Zoo.
Für den Zoobesuch hat Simon 10 Euro mitgenommen.
An der Kasse bezahlt er für sich den Eintritt (4 Euro) und Futter für die Affen (3 Euro).

Welche Frage passt zur Rechengeschichte?
Rechne im Kopf und schreibe die passende Antwort auf.

Fragen:

1. Wie lange bleibt Simon im Zoo?

2. Wie teuer ist der Eintritt für Erwachsene?

3. Wie viel Euro behält Simon übrig?

Antwort:

_____

_____

Zu einer Rechengeschichte die passende Frage auswählen (2)

Simon möchte sich die Fütterung der Seelöwen ansehen.
Sie beginnt um 11.30 Uhr.
Um 11.00 Uhr stellt sich Simon am Eingang an.

Fragen:
1. Wie lange dauert die Fütterung der Seelöwen?
2. Wie lange muss Simon noch warten?
3. Wie viele Personen warten am Eingang?

Antwort:

___

Am Affenkäfig zählt Simon die Affen.
3 Affen hocken auf einem Kletterbaum.
4 Affen springen auf dem Boden herum.
1 Affe schaukelt auf einem großen Ring.

Fragen:
1. Wie viele Schimpansen und wie viele Gorillas sind im Käfig?
2. Wie viele Affen sind im Käfig?
3. Wie viele Affen fressen eine Banane?

Antwort:

Einer Rechengeschichte passende Gleichungen zuordnen

Welche Rechnungen passen? Kreuze an.

Mona spielt auf dem Hof mit 5 Kindern Fußball.
Nach einer Stunde müssen 2 Kinder nach Hause.

Frage:
Wie viele Kinder können nun nur noch zusammen Fußball spielen?

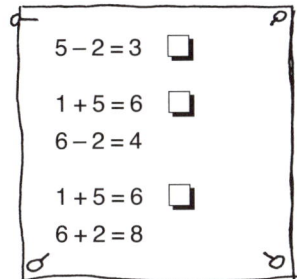

5 − 2 = 3 ☐
1 + 5 = 6 ☐
6 − 2 = 4
1 + 5 = 6 ☐
6 + 2 = 8

Antwort: Nun können nur noch _____ Kinder zusammen Fußball spielen.

Einer Sachaufgabe passende Gleichungen zuordnen

Welche Rechnungen passen? Kreuze an.

Leon liebt Puzzlespiele.
Er hat schon 12 Puzzles.
Zum Geburtstag bekommt er noch 3 Tierpuzzles geschenkt.
Eins von den drei Tierpuzzles hat Leon schon.
Das schenkt er seiner kleinen Schwester.

Frage:
Wie viele Puzzlespiele hat Leon nun insgesamt?

12 − 3 = 9 ☐
9 + 1 = 10

12 + 3 = 15 ☐
15 + 1 = 16

12 + 3 = 15 ☐
15 − 1 = 14

Antwort: Leon hat nun insgesamt ____ Puzzlespiele.

Sachaufgaben und Gleichungen einander zuordnen

A Tim will zu seinem Geburtstag 7 Kinder aus seiner
Klasse und 4 Kinder aus seinem Fußballverein
einladen.
Er muss _____ Einladungs-Karten schreiben.
Ganz schön anstrengend!

B Orkan hat 11 Murmeln.
Beim Spielen verliert er 4 Murmeln.
Jetzt hat er noch _____ Murmeln.
So ein Pech!

C In Meikes Malheft sind 11 wunderschöne große Tierbilder.
An einem Regentag malt Meike 7 Bilder aus.
Nun sind nur noch _____ Bilder übrig.

D Lina ist 4 Jahre alt.
Ihre große Schwester Sarah ist 7 Jahre älter.
Lina möchte am liebsten auch schon
_____ Jahre alt sein.

```
11 – 4 = _____  ☐
 4 + 7 = _____  ☐
 7 + 4 = _____  ☐
11 – 7 = _____  ☐
```

Welche Rechnung passt zu welcher
Geschichte?
Trage die passenden Buchstaben ein.
Was hast du dir überlegt?

Einer Gleichung die passende Rechengeschichte zuordnen

29 + _____ = 33

In der Klasse 1 a
waren 29 Kinder.
Im zweiten Schuljahr
kamen noch 2 Kinder dazu.

Linas Mutter ist 29 Jahre alt.
Linas Vater ist 33 Jahre alt.

Murat hat 33 Murmeln.
Beim Spiel gewinnt er
4 Murmeln.

14 : 7 = _____

Sina ist 7 Jahre alt.
Ihr großer Bruder ist
doppelt so alt.

Martin geht mit seinen
6 Freunden ins Freibad.
Seine Mutter packt ihm
14 Würstchen in den Rucksack.

Bis zu den Ferien sind es
noch 14 Tage.
Am Samstag und Sonntag
ist keine Schule.

Welche Rechengeschichte passt zu der Rechnung?
Kreuze die Rechengeschichte an.
Erkläre: Was hast du dir überlegt?

Sachaufgaben und Gleichungen einander zuordnen (1)

Welche Rechnung gehört zu welcher Geschichte? Ordne zu.
Erkläre: Was hast du dir überlegt?

Geschichte 1:

Heute Morgen hatte ich 28 Euro im Sparschwein.

Heute Nachmittag war meine Oma zu Besuch.
Bevor sie sich wieder von uns verabschiedete,
steckte sie schnell noch heimlich
_____ Euro in mein Sparschwein.

Neugierig habe ich nachgesehen.
43 Euro sind jetzt in meinem Sparschwein. Danke Omi!

Geschichte 2:

Als ich in den Spielwarenladen ging,
hatte ich noch
43 Euro in meinem Portmonee.

Im Laden habe ich mir ein Spiel gekauft, das ich bei
meiner Freundin kennengelernt hatte. Das wollte
ich auch unbedingt haben.

Zu Hause hat mich meine Mutter gefragt, wie teuer
das Spiel war. Den Preis wusste ich aber nicht mehr.

Da habe ich im Portmonee nachgesehen.
Im Portmonee waren noch genau 28 Euro drin.

Also kostete das Spiel _____ Euro.

Sachaufgaben und Gleichungen einander zuordnen (2)

Geschichte 3:

Vor meinem Geburtstag hatte ich schon ziemlich viel gespart.
Meine Tante hat mir dann zum Geburtstag 15 Euro geschickt.
Am Abend habe ich mein Geld gezählt.
Jetzt habe ich 43 Euro!

Dann hatte ich also vorher ____ Euro!

Geschichte 4:

Ich hatte schon 43 Euro gespart.

Gestern habe ich mir für 15 Euro eine CD gekauft.

Jetzt habe ich nur noch ____ Euro, aber eine supertolle CD.

Geschichte ____

____ € + 15 € = 43 €

Wie rechnest du diese Aufgabe?

Geschichte ____

43 € − ____ € = 28 €

Wie rechnest du diese Aufgabe?

Geschichte ____

28 € + ____ € = 43 €

Wie rechnest du diese Aufgabe?

Geschichte ____

43 € − 15 € = ____ €

KV Sachaufgabenwerkstatt: 2. Schuljahr 177

Die passenden Operationen finden

Was musst du rechnen? | + − · : |
Trage die richtigen Rechenzeichen in die Kästchen ein.

1) In unserer Klasse sind 11 Mädchen und 13 Jungen, also
   _____ Kinder. ❏

2) Von den 24 Kindern sind 5 Kinder noch 7 Jahre alt,
   _____ Kinder sind schon 8 Jahre alt. ❏

3) Die 24 Kinder sitzen an 6 Gruppentischen. Es sitzen
   also immer _____ Kinder an einem Gruppentisch. ❏

4) Jeden Tag haben wir 5 Stunden Schule. Das sind in
   der Woche _____ Schulstunden. ❏

5) Ich gehe genau 8 Minuten bis zur Schule. Der Schulweg
   meiner besten Freundin ist doppelt so lang.
   Sie braucht _____ Minuten. ❏

6) Von den 52 Wochen im Jahr haben wir 12 Wochen Ferien.
   Wir sind also eigentlich nur _____ Wochen in der Schule. ❏

7) Wenn ich jeden Tag 3 Malaufgaben auswendig lerne,
   dann kann ich nach einer Woche _____ Aufgaben. ❏

8) Heute ist der 12. Mai. In 17 Tagen habe ich Geburtstag.
   Nun weißt du, dass ich am _____ Mai Geburtstag habe. ❏

Erfinde selbst kleine Rechengeschichten.
Können deine Mitschüler sagen, was man rechnen muss?

Zu Gleichungen Rechengeschichten erfinden

Was ist passiert?
Schreibe oder male es auf.

Auf dem Teller liegen 12 Grillwürstchen.	Da kommt	Nun liegen auf dem Teller noch 8 Würstchen.
12	− 4	= 8

Im Schwimmbad ist Murat 8-mal von einer Mücke gestochen worden.	In der Nacht	Nun hat der arme Murat 14 Stiche!
8	+ 6	= 14

Filiz sammelt Glitzerstifte. Sie hat schon 7 Stifte.		Nun hat Filiz schon 10 Glitzerstifte.
7	+ 3	= 10

Zu Gleichungen Rechengeschichten finden

Was ist mit dem Geld passiert?

Tim soll 20 Cent in die Schule mitbringen.
Er steckt das Geld in seine Anoraktasche und geht los.

Als er in der Schule ankommt, will er das Geld aus seinem Anorak herausholen.
Aber, oh Schreck! Im Anorak sind nur noch 15 Cent.

20 ct – ☐ ct = 15 ct

Was ist passiert?

1) Male ein passendes Bild oder schreibe auf, was du vermutest.

2) Male oder schreibe eine eigene Geschichte zu der Rechnung
   15 ct – ☐ ct = 5 ct.

Zu Gleichungen Rechengeschichten finden

Was ist mit den Blättern passiert?

Frau Fröhlich kommt am frühen Morgen mit einem Stapel Papier in den Klassenraum der 2b.
Sie hat für jedes ihrer 28 Kinder ein Arbeitsblatt kopiert.
Frau Fröhlich öffnet alle Fenster weit.
Frische Luft ist gut zum Lernen!
Dann eilt sie auf den Hof, um ihre Kinder abzuholen.

Als Frau Fröhlich nach dem Morgenlied die Abeitsblätter verteilt, reichen die Blätter nur noch für 23 Kinder.

$28 - \square = 23$

Was ist passiert?

1. Male ein passendes Bild oder schreibe auf, was du vermutest.

2. Male oder schreibe eine eigene Geschichte zu der Rechnung $30 - \square = 25$.

Aus Gleichungen Sachzusammenhänge erschließen
Wie viel soll ich für den Radiergummi ausgeben?

Lisa braucht einen neuen Radiergummi.
Den Radiergummi soll sie sich auf dem Weg zur Schule kaufen.
Lisas Mutter gibt ihr einen Euro mit.
„Den Rest kannst du behalten", sagt ihre Mutter beim Abschied.

Im Laden gibt es verschiedene Radiergummis.
Lisa überlegt:
„Wenn ich einen billigeren Radiergummi kaufe, dann kann ich ..."

Was überlegt Lisa sich wohl?
An diesen Rechnungen kannst du erkennen, was Lisa mit dem Geld gemacht hat.

1. 100 ct – 55 ct = 45 ct   2. 45 ct – 45 ct = 0 ct

Schreibe die Geschichte von Lisa zu Ende.

Aus Gleichungen Sachzusammenhänge erschließen

Wie viele Fußballbilder hat Niklas in seinem Album?

Niklas sammelt Fußballbilder.

In einem Tütchen sind immer 6 Bilder.

Nach einer Woche hat Niklas schon
56 Bilder in seinem Album.

Heute kauft Niklas sich wieder ___ Tütchen.

Zu Hause schaut er sich seine ___ neuen Bilder an.
Leider sind ___ Bilder doppelt.

Niklas steckt die doppelten Bilder in seinen Tornister.

Vielleicht kann er sie ja morgen in der Schule tauschen.

Die anderen Bilder klebt er ein.
Nun hat er insgesamt schon _____ Bilder in seinem Album.

1) Sieh dir die 3 Rechnungen gut an. Sie verraten dir, welche Zahlen in die Geschichte gehören. Setze die Zahlen in die Lücken ein.

   3 · 6 = 18   18 − 5 = 13   56 + 13 = 69

2) Lies dir danach die Geschichte noch einmal gut durch und überprüfe: Hast du wirklich die richtigen Zahlen eingesetzt?

Zu Stichworten Rechengeschichten erfinden

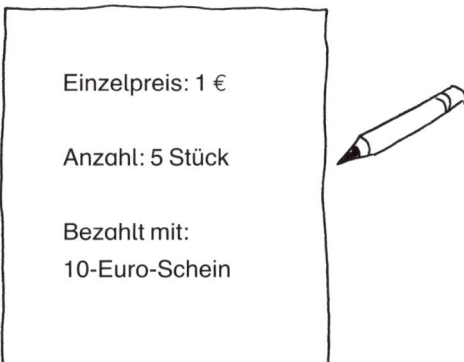

Einzelpreis: 1 €

Anzahl: 5 Stück

Bezahlt mit:
10-Euro-Schein

Dies sind die wichtigsten Stichworte aus einer längeren Rechengeschichte.
Sie fängt so an:

Jonas braucht unbedingt neue Schreibhefte ...

1) Schreibe die Geschichte weiter. Es müssen alle Zahlen aus dem Stichwortzettel vorkommen.

2) Versuche, eine passende Frage zu finden, bei der man etwas ausrechnen muss.

___
___
___
___

Zu Stichworten Rechengeschichten erfinden (1)

> Um 10.30 Uhr am Parkautomaten
>
> Parkgebühr:
> 50 ct je angebrochene halbe Stunde
>
> geplante Parkdauer:
> bis 14.45 Uhr

Dies sind die wichtigsten Stichworte aus einer längeren Rechengeschichte.

1) Versuche, dir zu diesen Stichworten und Zahlen eine passende Geschichte vorzustellen. Schreibe sie auf.

2) Versuche, auch eine passende Frage zu finden, bei der man etwas ausrechnen muss.

Tipp: Wenn dir gar nichts einfällt, sieh dir die Geschichte auf der Rückseite an. Vielleicht kannst du nun eine ähnliche Geschichte mit anderen Personen aufschreiben.

Zu Stichworten Rechengeschichten erfinden (2)

Am Parkautomaten

Frau Lustig möchte ihre Freundin besuchen.

Vor dem Haus ihrer Freundin ist zum Glück noch ein Parkplatz frei. Aber auf dieser Straßenseite muss man Parkgebühren bezahlen.

Frau Lustig geht zum Parkautomaten.
Sie schaut auf die Uhr. Es ist jetzt genau 10.30 Uhr.
Für jede angebrochene halbe Stunde muss sie 50 ct Parkgebühr bezahlen.
Frau Lustig möchte bei ihrer Freundin noch zu Mittag essen und wird wohl bis 14.45 Uhr bleiben.

Wie viel Geld muss Frau Lustig in den Parkautomaten einwerfen?

Zu Rechnungen und Antwortsätzen Rechengeschichten erfinden

Was könnten die Kinder ausgerechnet haben?
Schreibe passende Rechengeschichten und Fragen zu den Antworten.
Die Rechnungen können dir dabei helfen.

Zu Antwortsätzen Rechengeschichten erfinden

1) Suche dir 2 bis 3 Antwortsätze aus. Erfinde dazu passende Rechengeschichten und Fragen.

1. Renan hat für den Weg genau 27 Minuten gebraucht.

2. Miriam braucht für ihre Hausarbeiten insgesamt 1 Stunde und 17 Minuten.

3. Lina ist genau 27 cm größer als ihr Bruder.

4. Julia und ihre beiden Freundinnen zahlen zusammen 12,60 Euro Eintritt.

5. Murat muss noch 13 Euro sparen.

6. Lukas ist beim zweiten Mal 23 cm weiter gesprungen als beim ersten Mal.

7. Jeder bekommt 12 Spielkarten.

8. Wenn Jan die Dreierpackung Schokis kauft, spart er 15 ct.

9. Das Skateboard ist um 25 Euro herabgesetzt worden.

10. Er muss 48 Grillwürstchen kaufen.

2) Denke dir selbst noch eine eigene Rechengeschichte mit einer passenden Frage und einem Antwortsatz aus.

3) Gib deinem Partner nur den Antwortsatz.
Was für eine Rechengeschichte erfindet dein Partner dazu?

Plausibilitätsprüfung

Katrin und Tobias spielen ein Kartenspiel mit 40 Karten.
Katrin gewinnt. Sie hat 6 Karten mehr als Tobias.

Wie viele Karten hat Katrin?
Wie viele Karten hat Tobias?

Unten siehst du einige falsche Lösungen. Bevor du selbst die Aufgabe löst, überlege zuerst, warum diese Ergebnisse nicht stimmen können.

1. Katrin hat 6 Karten.
   Tobias hat 34 Karten.

2. Katrin hat 22 Karten.
   Tobias hat 18 Karten.

3. Katrin hat 26 Karten.
   Tobias hat 20 Karten.

Plausibilitätsprüfung – Fehlersuche

Nur eine Aufgabe ist richtig gerechnet.
Welche Antworten können nicht stimmen? Begründe, ohne genau nachzurechnen.

1.
Pias Mutter ist 36 Jahre alt.
Sie ist genau doppelt so alt wie Pia.

Wie alt ist Pia?

$36 \cdot 2 = 72$

Antwort:
Pia ist 72 Jahre alt.

2.
David hat 96 Euro gespart.
Er kauft sich einen Stift für 80 Cent und ein Sammelheft für 3 Euro.

Wie viel Euro hat David nun noch?

$96 - 80 = 16$
$16 - 3 = 13$

Antwort:
David hat noch 13 Euro.

3.
Jan sieht im Schaufenster 2 Fahrräder, die ihm gut gefallen. Das blaue Rad kostet 399 Euro, das grüne Rad 326 Euro.

Wie hoch ist der Preisunterschied?

$399 \text{ €} + 326 \text{ €} = 625 \text{ €}$

Antwort: Der Preisunterschied beträgt 625 Euro.

4.
Eine ganz besimmte Bambusart wächst ungefähr an einem Tag 20 cm. Nach 6 Monaten (180 Tagen) ist sie ausgewachsen.

Wie hoch wird das Bambusgras ungefähr?

$180 \cdot 2 \cdot 10 = 3600$

Anwort: Das Bambusgras wird ungefähr 36 Meter hoch.

Plausibilitätsprüfung – quantitative Angaben einsetzen

Setze die Zahlen so in die Lücken ein,
dass sich eine sinnvolle Rechengeschichte ergibt.

Sponsorenlauf

Am 16. Juni _____ fand der erste Sponsorenlauf der Grundschule Hebbelstraße statt.

Die Kinder liefen ihre Runden auf dem benachbarten Sportplatz. Eine Runde betrug _____ m.

Insgesamt nahmen _____ Kinder aus _____ Klassen teil.

Angenehme Temperaturen erleichterten den Kindern den Lauf. Natürlich war auch für eine entsprechende Verpflegung gesorgt.

Der Sponsorenlauf wurde zu einem vollen Erfolg: _____ gelaufene km und _____ Euro Sponsorengeld waren das Ergebnis! Ein Teil des Geldes wurde an das Kinderdorf „Rio" gespendet.

Die ___ -jährige Hannah aus dem 2. Schuljahr lief _____ km.
Das war absoluter Rekord!

| 10 | 2006 | 599 | 5 | 264 | 8732 | 7 | 400 |

9 Übersichten Sachrechnen

Längen	Einheit	Stützpunktwissen
Kilometer	km	2 ½ Runden auf dem Sportplatz
Meter	m	1 großer Schritt
Dezimeter	dm	= 1 Handbreite
Zentimeter	cm	1 Fingerbreite
Millimeter	mm	Dicke einer Münze

1 km = 1000 m
1 m = 10 dm
1 dm = 10 cm
1 cm = 10 mm

Damit kannst du Längen messen:

  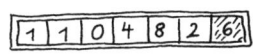

Gewichte	Einheit	Stützpunktwissen
Tonne	t	1 PKW
Kilogramm	kg	1 Tüte Zucker
Pfund	Pfd.	1 Schale Erdbeeren
Gramm	g	1 Heftklammer
1 t = 1 000 kg 1 kg = 2 Pfd. = 1 000 g 1 Pfd. = 500 g		

Damit kannst du die Schwere feststellen:

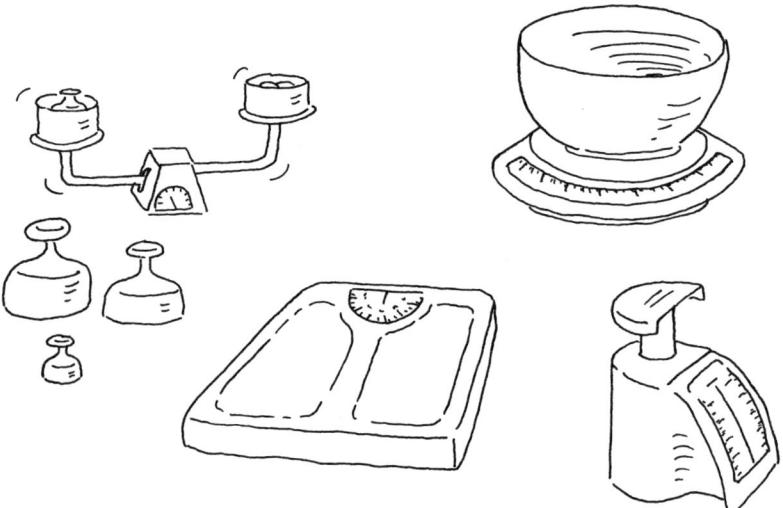

Übersichten Sachrechnen

Zeit	Einheit	Umrechnungen
Jahr	Jahr	1 Jahr = 12 Monate (365 Tage) bei einem Schaltjahr (366 Tage), 1 Jahr = 52 Wochen Januar (31), Februar (28/29), März (31), April (30), Mai (31), Juni (30), Juli (31), August (31), September (30), Oktober (31), November (30), Dezember (31)
Monat	Monat	1 Monat = 4 bis 4 ½ Wochen (28, 29, 30 oder 31 Tage)
Woche	Woche	1 Woche = 7 Tage (Montag, Dienstag, Mittwoch, Donnerstag, Freitag, Samstag, Sonntag)
Tag	Tag	1 Tag = 24 Stunden
Stunde	h	1 Stunde = 60 Minuten
Minute	min	1 Minute = 60 Sekunden
Sekunde	s	1 Sekunde

Damit kannst du Zeiten messen:

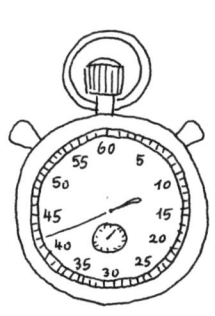
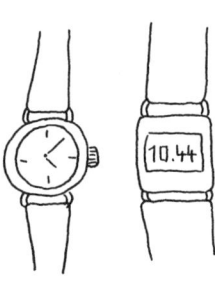
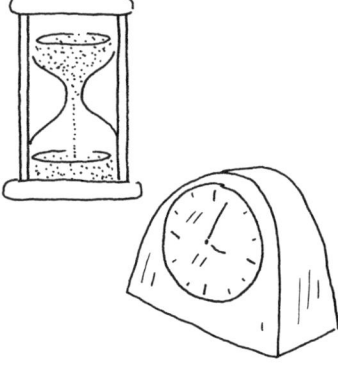

Geld	Einheit	Geldwerte
Euro	€	1 kleiner PKW (10 000 €)
Euro	€	1 Computer (1000 €)
Euro	€	1 Paar Schlittschuhe (100 €)
Euro	€	1 Buch (10 €)
Euro	€	1 Eis (1 €)
Cent	ct	1 ct
1 € = 100 ct		

Damit kannst du bezahlen:

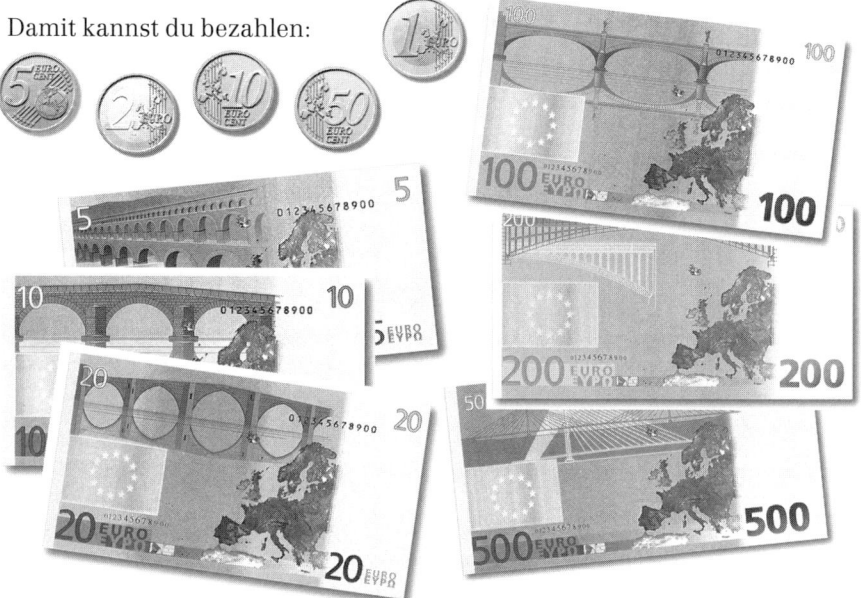

Übersichten Sachrechnen

Volumen	Einheit	Stützpunktwissen
Liter	l	1 Badewanne
Liter	l	1 Putzeimer
Liter	l	1 Packung Milch
Milliliter	ml	1 kleine Tasse
Milliliter	ml	1 Esslöffel
Milliliter	ml	5 Tropfen
1 l = 1000 ml		

Damit kannst du Flüssigkeitsmengen messen:

So löse ich eine Sachaufgabe (1)

		👓	Situation wahrnehmen, Text lesen, Fragen klären, nacherzählen, nachspielen
🔍		?	Frage(n) lesen/finden/ordnen
		👓✏️	Text lesen, markieren

		～	Skizze anfertigen
✏️		▦	Tabelle zeichnen
		📊	Diagramm zeichnen

So löse ich eine Sachaufgabe (2)

	○ △ □ 1 + 4	ausrechnen
	💡	knobeln, ausprobieren
	👥	diskutieren, sich helfen

	💬	Lösung formulieren
!	👁	Lösung prüfen
	☺☺☺☺☺	Lösung besprechen

10 Checkliste zum Sachrechnen

In Anlehnung an die allgemeinen Ziele des Mathematikunterrichts geht es auch im Sachrechnen darum, die Fähigkeiten der Kinder zu mathematischem Denken und Arbeiten zu fördern. Die Kinder sollen angeregt werden, kreativ zu sein, zu mathematisieren, Vorgehensweisen zu begründen, eigene Überlegungen darzustellen und im Lernprozess miteinander zu kooperieren (vgl. Lehrplan Mathematik, Ministerium für Schule, Jugend und Kinder des Landes Nordrhein-Westfalen, 2003).

Für den Bereich des Sachrechnens können Sie sich an folgenden Aspekten eines guten Sachrechenunterrichts orientieren:

Sachrechnen klar strukturieren
- möglichst von Alltagserfahrungen der Kinder ausgehen
- die Mathematik darin bewusst machen
- den Kindern verdeutlichen, dass durch mathematisches Vorgehen Alltagsprobleme gelöst werden können
- authentische Erfahrungen soweit wie möglich in den Unterricht integrieren

Zeit und Ort nutzen
- sinnstiftende Lernanlässe als Ausgangspunkt wählen
- den Fragehorizont der Kinder erweitern durch das Herausfiltern bedeutsamer Fragen
- den Kindern Zeit und Raum lassen, Sachprobleme aus mathematischer Sicht zu betrachten
- außerschulische Lernorte als Anlass zum Mathematiktreiben nutzen

Das Interesse an der Sache in einem lernförderlichen Klima fördern
- die Kompetenzen und Interessen der Kinder für die Auswahl der Sachkontexte nutzen
- die geistigen Kräfte der Kinder durch eine angemessene und interessante Aufgabenauswahl mobilisieren

Checkliste zum Sachrechnen 199

- anderes, auch neues Denken und Nachdenken unterstützen und herausfordern
- fehlerhafte Wege als Chance, als Anregung zum Austausch, als Planungsmoment des weiteren Unterrichts nutzen
- unterschiedliche Lernkanäle und Herangehensweisen ansprechen, nutzen und gemeinsam reflektieren

Klärung des Sachinhalts
- mit den Kindern Sachzusammenhänge erläutern, klären, vernetzen
- Transparenz bezüglich der Auswahl des Themas und der zu erwerbenden Fähigkeiten und Fertigkeiten herstellen

Vielfalt und Effektivität der Methoden, im Sinne von Bearbeitungshilfen, kennen und nutzen
- Steigerung der Methodenkompetenz zur Lösung mathematischer Sachprobleme
- Anlegen eines beispielhaften Methodenrepertoires als Handwerkszeug zum Sachrechnen und zur Absicherung selbstständigen Lernens
- den Vorteil bestimmter geschickter Vorgehensweisen transparent machen
- Chancen des Transfers nutzen

Sinnstiftendes Kommunizieren
- Anregungen zum Diskutieren, Argumentieren und Kommunizieren durch die sinngeleitete Auswahl geeigneter Aufgaben bieten
- natürlich differenzieren
- komplexe Sachthemen wählen, die Kinder auf unterschiedlichem Lernniveau fördern und fordern

Vorbereitete Lernumgebung
- die Lernumgebung thematisch gestalten (Zeitbedarf, Lernorte, Inhalt, Material, Visualisierungen in der Klasse, …)
- Medienkompetenz der Kinder fördern
- durch unterschiedliche Medien interessante Informationen, Anregungen und weiterführende Aspekte anbieten

11 Bildungsstandards

Allgemeine Kompetenzen

A-1	**Problemlösen**
A-1.1	mathematische Kenntnisse, Fertigkeiten und Fähigkeiten bei der Bearbeitung problemhaltiger Aufgaben anwenden
A-1.2	Lösungsstrategien entwickeln und nutzen (z. B. systematisch probieren)
A-1.3	Zusammenhänge erkennen, nutzen und auf ähnliche Sachverhalte übertragen.
A-2	**Kommunizieren**
A-2.1	eigene Vorgehensweisen beschreiben, Lösungswege anderer verstehen und gemeinsam darüber reflektieren
A-2.2	mathematische Fachbegriffe und Zeichen sachgerecht verwenden
A-2.3	Aufgaben gemeinsam bearbeiten, dabei Verabredungen treffen und einhalten
A-3	**Argumentieren**
A-3.1	mathematische Aussagen hinterfragen und auf Korrektheit prüfen
A-3.2	mathematische Zusammenhänge erkennen und Vermutungen entwickeln
A-3.3	Begründungen suchen und nachvollziehen
A-4	**Modellieren**
A-4.1	Sachtexten und anderen Darstellungen der Lebenswirklichkeit die relevanten Informationen entnehmen
A-4.2	Sachprobleme in die Sprache der Mathematik übersetzen, innermathematisch lösen und diese Lösungen auf die Ausgangssituation beziehen

A-4.3	zu Termen, Gleichungen und bildlichen Darstellungen Sachaufgaben formulieren
A-5	**Darstellen**
A-5.1	für das Bearbeiten mathematischer Probleme geeignete Darstellungen entwickeln, auswählen und nutzen
A-5.2	eine Darstellung in eine andere übertragen
A-5.3	Darstellungen miteinander vergleichen und bewerten

Inhaltsbezogene mathematische Kompetenzen

I-1		**Zahlen und Operationen**		
I-1.1.a	1	Zahldarstellungen und Zahlbeziehungen verstehen	a	den Aufbau des dezimalen Stellenwertsystems verstehen
I-1.1.b	1		b	Zahlen bis 1.000.000 auf verschiedene Weise darstellen und zueinander in Beziehung setzen
I-1.1.c	1		c	sich im Zahlenraum bis 1.000.000 orientieren (z. B. Zahlen der Größe nach ordnen, runden)
I-1.2.a	2	Rechenoperationen verstehen und beherrschen	a	die vier Grundrechenarten und ihre Zusammenhänge verstehen
I-1.2.b	2		b	die Grundaufgaben des Kopfrechnens (Einspluseins, Einmaleins, Zahlzerlegungen) gedächtnismäßig beherrschen, deren Umkehrungen sicher ableiten und diese Grundkenntnisse auf analoge Aufgaben in größeren Zahlenräumen übertragen
I-1.2.c	2		c	mündliche und halbschriftliche Rechenstrategien verstehen und bei geeigneten Aufgaben anwenden
I-1.2.d	2		d	verschiedene Rechenwege vergleichen und bewerten; Rechenfehler finden, erklären und korrigieren
I-1.2.e	2		e	Rechengesetze erkennen, erklären und benutzen

I-1.2.f	2		f	schriftliche Verfahren der Addition, Subtraktion und Multiplikation verstehen, geläufig ausführen und bei geeigneten Aufgaben anwenden
I-1.2.g	2		g	Lösungen durch Überschlagsrechnungen und durch Anwenden der Umkehroperation kontrollieren
I-1.3.a	3	In Kontexten rechnen	a	Sachaufgaben lösen und dabei die Beziehungen zwischen der Sache und den einzelnen Lösungsschritten beschreiben
I-1.3.b	3		b	das Ergebnis auf Plausibilität prüfen
I-1.3.c	3		c	bei Sachaufgaben entscheiden, ob eine Überschlagsrechnung ausreicht oder ein genaues Ergebnis nötig ist
I-1.3.d	3		d	Sachaufgaben systematisch variieren
I-1.3.e	3		e	einfache kombinatorische Aufgaben (z. B. Knobelaufgaben) durch Probieren bzw. systematisches Vorgehen lösen
I-2		**Raum und Form**		
I-2.1.a	1	sich im Raum orientieren	a	über räumliches Vorstellungsvermögen verfügen
I-2.1.b	1		b	räumliche Beziehungen erkennen, beschreiben und nutzen (Anordnungen, Wege, Pläne, Ansichten)
I-2.1.c	1		c	zwei- und dreidimensionale Darstellungen von Bauwerken (z. B. Würfelgebäuden) zueinander in Beziehung setzen (nach Vorlage bauen, zu Bauten Baupläne erstellen, Kantenmodelle und Netze untersuchen)
I-2.2.a	2	geometrische Figuren erkennen, benennen,	a	Körper und ebene Figuren nach Eigenschaften sortieren und Fachbegriffe zuordnen
I-2.2.b	2		b	Körper und ebene Figuren in der Umwelt wiedererkennen
I-2.2.c	2		c	Modelle von Körpern und ebenen Figuren herstellen und untersuchen (Bauen, Legen, Zerlegen, Zusammenfügen, Ausschneiden, Falten ...)

I-2.2.d	2	darstellen	d	Zeichnungen mit Hilfsmitteln sowie Freihandzeichnungen anfertigen
I-2.3.a	3	einfache geometrische Abbildungen erkennen, benennen und darstellen	a	ebene Figuren in Gitternetzen abbilden (verkleinern und vergrößern)
I-2.3.b	3		b	Eigenschaften der Achsensymmetrie erkennen, beschreiben und nutzen
I-2.3.c	3		c	symmetrische Muster fortsetzen und selbst entwickeln
I-2.4.a	4	Flächen- und Rauminhalte vergleichen und messen	a	die Flächeninhalte ebener Figuren durch Zerlegen vergleichen und durch Auslegen mit Einheitsflächen messen
I-2.4.b	4		b	Umfang und Flächeninhalt von ebenen Figuren untersuchen
I-2.4.c	4		c	Rauminhalte vergleichen und durch die enthaltene Anzahl von Einheitswürfeln bestimmen
I-3		**Muster und Strukturen**		
I-3.1.a	1	Gesetzmäßigkeiten erkennen, beschreiben und darstellen	a	strukturierte Zahldarstellungen (z. B. Hundertertafel) verstehen und nutzen
I-3.1.b	1		b	Gesetzmäßigkeiten in geometrischen und arithmetischen Mustern (z. B. in Zahlenfolgen oder strukturierten Aufgabenfolgen) erkennen, beschreiben und fortsetzen
I-3.1.c	1		c	arithmetische und geometrische Muster selbst entwickeln, systematisch verändern und beschreiben

I-4			Daten, Häufigkeit und Wahrscheinlichkeit		
I-5.1.a	1	Daten erfassen und darstellen	a	in Beobachtungen, Untersuchungen und einfachen Experimenten Daten sammeln, strukturieren und in Tabellen, Schaubildern und Diagrammen darstellen
I-5.1.b	1		b	aus Tabellen, Schaubildern und Diagrammen Informationen entnehmen
I-5.2.a	2	Wahrscheinlichkeiten von Ereignissen in Zufallsexperimenten vergleichen	a	Grundbegriffe kennen (z.B. sicher, unmöglich, wahrscheinlich),
I-5.2.b	2		b	Gewinnchancen bei einfachen Zufallsexperimenten (z.B. bei Würfelspielen) einschätzen

Literatur

CARNIEL, DOROTHEE/HUHMANN, TOBIAS/KNAPSTEIN, KORDULA: Mathematische Denk- und Sachrechenprobleme für die Grundschule. Donauwörth 2003
ERICHSON, CHRISTA: Von Giganten, Medaillen und einem regen Wurm – Geschichten, mit denen man rechnen muss 1. Hamburg 2003
FALKNER, HANS: Wie viele Pinguine passen in einen Fahrstuhl? München 1999
FRANKE, MARIANNE: Auch das ist Mathe! Vorschläge für projektorientiertes Unterrichten, Teil 1 und Teil 2. Köln 1995 und 1996
FRANKE, MARIANNE: Didaktik des Sachrechnens in der Grundschule. Heidelberg 2003
HEIL, GERLINDE: Mathe lebt. Klasse 3. Lichtenau 2003
KACHOUH, CORNELIA: Sachrechnen: So geht's – Thema: Tiere: 3. und 4. Schuljahr. Mülheim an der Ruhr 2001
KRAUTHAUSEN, GÜNTER/SCHERER, PETRA: Mit Kindern auf dem Weg zur Mathematik. Donauwörth 2004
QUAK, UDO/STERKENBURGH, SABINE/VERBOOM, LILO: Die Grundschul-Fundgrube für Mathematik. Berlin 2006
RADATZ, HENDRIK/SCHIPPER, WILHELM/DRÖGE, ROTRAUT/EBELING, ASTRID: Handbücher für den Mathematikunterricht 1. bis 4. Schuljahr. Hannover 1996, 1998, 1999, 2000
RASCH, RENATE: 42 Denk- und Sachaufgaben. Seelze-Velber 2003
RÖHRIG, ROLF: Mathematik, 4. Klasse Sachaufgaben. Reinbek 1998
RUWISCH, SILKE/PETER-KOOP, ANDREA: Gute Aufgaben im Mathematikunterricht der Grundschule. Offenburg 2003
SCHELPER, KLAUS: OKIDOKI. Die Lernhilfe Sachrechnen. Hannover 1995
SCHERER, PETRA/BÖNG, DAGMAR: Mathematik für Kinder – Mathematik von Kindern. Arbeitskreis Grundschule Grundschulverband Frankfurt/M. 2004
SCHÜTTE, SYBILLE: Mathematiklernen in Sinnzusammenhängen. Leipzig/Stuttgart 1996
SCHÜTTE, SYBILLE (HRSG.): Die Matheprofis 4. Lehrermaterialien. München 2006
SHAPIRO, SHARON: Knifflige Mathematikaufgaben strategisch lösen. Horneburg 2006

STERN, ELSBETH/STRAUB, FRITZ: Mathematik lernen und verstehen: Anforderungen an den Unterricht. In: KAHLERT, J./INCKEMANN, E./SPECK-HAMDAM, A. (Hrsg.): Beiträge zur Schulentwicklung: Grundschule: Sich lernen leisten. Neuwied 2000

WALLAKER, JILLAYNE PRINCE: Lebensnahe Sachaufgaben Mathematik. Horneburg 2005

WEIGEL, ULRIKE: Sachaufgaben verstehen und lösen. Mühlheim an der Ruhr 2005

WINTER, HENRICH: Sachrechnen in der Grundschule. Berlin 1994

FITMACHER FÜR DIE GRUNDSCHULE

LEHRER-BÜCHEREI: GRUNDSCHULE

ISBN 978-3-589-

Kunstunterricht in der Grundschule	05114-4
Fundgrube Klassenführung	05113-7
Schreibaufgaben	05115-1
Ergebnisorientierter Englischunterricht	05116-8
Lernstand im Englischunterricht	05117-5
Fundgrube Sachrechnen	05119-9
Die Grundschul-Fundgrube für Mathematik	05099-4
Wie lernen Kinder sprechen, lesen und schreiben?	05093-2
Beurteilen und Fördern im Mathematikunterricht	05077-2
Lese- und Rechtschreibschwierigkeiten vorbeugen und überwinden	05120-5
Lesekompetenz erwerben, Literatur erfahren	05105-2
Sprachunterricht heute	05121-2
Texte bearbeiten, bewerten und benoten	05076-5
Mit Störungen umgehen	05109-0
Mit Kindern Geschichten erzählen	05100-7
Zeit für die Schrift. Band 1 *Lesen lernen und Schreiben können*	05108-3
Zeit für die Schrift. Band 2 *Beobachtung und Diagnose*	05104-5
Die Grundschul-Fundgrube Musik (Mit Audio-CD)	05107-6
Jahresspiegel *Das pädagogische Tagebuch*	05110-6
Sportunterricht gestalten	05096-3
Freies Sprechen in der Grundschule	05095-6
Märchen in der Grundschule	05101-4
Rechtschreiben lernen mit Modellwörtern	05111-3
Richtig schreiben *Grundlagen und Strategien*	05112-0
Grammatikunterricht in der Grundschule	05065-9

Fragen Sie bitte in Ihrer Buchhandlung!

FITMACHER FÜR DIE GRUNDSCHULE

LEHRER-BÜCHEREI: GRUNDSCHULE

ISBN 978-3-589-

Sachunterricht – eine Einführung	05088-8
Jahrgangsübergreifend unterrichten	05098-7
Die Grundschul-Fundgrube für Vertretungsstunden	05092-5
Schuleingangsphase: neu gestalten	05091-8
Lernen lernen von Anfang an. Band 1	05082-6
Lernen lernen von Anfang an. Band 2	05083-3
Kinder lernen Deutsch als zweite Sprache	05094-9
Sachunterricht: Natur und Technik	05089-5
Informierendes Lesen	
Mit Informationen aktiv umgehen - Lesekompetenz stärken	05086-4
Lernschwache Rechner fördern	05072-7
Minutenspiele	05071-0
Berufseinstieg: Grundschule	05074-1
Wut: Ein Vulkan in meinem Bauch	
Wut und Gewalt - Übungen und Spiele - Lösungsstrategien	05068-0
Rituale für kooperatives Lernen in der Grundschule	05063-5
Richtig schreiben lernen von Anfang an	05064-2
Philosophieren in der Grundschule	05066-6
Sexualerziehung in der Grundschule	05052-9
Englisch in der Grundschule (Mit Audio-CD)	05057-4
Lern- und Sprachspiele im Deutschunterricht	05059-8
Geschichten lesen, erzählen, schreiben und gestalten	05055-0
Kreatives Schreiben	05050-5
Die Fundgrube für Freie Arbeit	05043-7
Umgang mit „schwierigen" Kindern	05047-5
Lernspiele im Mathematikunterricht	05045-1
Umgang mit Gedichten	05040-6
Differenzierung im Erstleseunterricht	05032-1
Wege zum selbständigen Lesen	05022-2

Fragen Sie bitte in Ihrer Buchhandlung!